Ispaniški skoniai 2023

Mėgaukitės Ispanijos virtuvės skoniais savo namuose

Antonio Ramírez

TURINYS

KRIAUŠĖS ŠOKOLADUOSE SU PIPRAIS 25
    INGRIDIENTAI 25
    DARBINIMAS 25
    TRIUKAS 25

TRIJŲ ŠOKOLADINIS TORTAS SU BISKVITU 26
    INGRIDIENTAI 26
    DARBINIMAS 26
    TRIUKAS 27

ŠVEICARINIS MARINGAS 28
    INGRIDIENTAI 28
    DARBINIMAS 28
    TRIUKAS 28

LAZDYNO RIEŠUTŲ LYDINIAI SU BANANAIS 29
    INGRIDIENTAI 29
    DARBINIMAS 29
    TRIUKAS 30

CITRININĖ TARTA SU ŠOKOLADINIU PAGRINDU 31
    INGRIDIENTAI 31
    DARBINIMAS 31
    TRIUKAS 32

TIRAMISU 33
    INGRIDIENTAI 33
    DARBINIMAS 33
    TRIUKAS 34

INTXAURSALSA (graikinių riešutų kremas) 35
    INGRIDIENTAI 35
    DARBINIMAS 35
    TRIUKAS 35

UŽKANČIŲ PIENAS 36
    INGRIDIENTAI 36
    DARBINIMAS 36
    TRIUKAS 36

KATĖS LIEŽUVAI 37
    INGRIDIENTAI 37
    DARBINIMAS 37
    TRIUKAS 37

ORANŽINIAI KEKUČIAI 38
    INGRIDIENTAI 38
    DARBINIMAS 38
    TRIUKAS 38

PORT KEPSTI OBUOLIAI 39
    INGRIDIENTAI 39
    DARBINIMAS 39
    TRIUKAS 39

VIRTAS MARINGAS 40
    INGRIDIENTAI 40
    DARBINIMAS 40
    TRIUKAS 40

KRAUTIŠKAS 41
    INGRIDIENTAI 41

DARBINIMAS 41

TRIUKAS 41

PANNA COTTA SU VIOLETINIAIS saldainiais 41

    INGRIDIENTAI 42

    DARBINIMAS 42

    TRIUKAS 42

CITRUSINIAI SAUSINIAI 43

    INGRIDIENTAI 43

    DARBINIMAS 43

    TRIUKAS 44

MANGO PASTA 45

    INGRIDIENTAI 45

    DARBINIMAS 45

    TRIUKAS 45

JOGURTINIS TORTAS 46

    INGRIDIENTAI 46

    DARBINIMAS 46

    TRIUKAS 46

BANANŲ KOMPOTAS SU rozmarinais 47

    INGRIDIENTAI 47

    DARBINIMAS 47

    TRIUKAS 47

KREMBRIULĖ 48

    INGRIDIENTAI 48

    DARBINIMAS 48

    TRIUKAS 48

ŠVEICARŲ RANKA PRIKIRDYTA KREMINE ... 49
    INGRIDIENTAI ... 49
    DARBINIMAS ... 49
    TRIUKAS ... 49
KIAUŠINIŲ FLAN ... 50
    INGRIDIENTAI ... 50
    DARBINIMAS ... 50
    TRIUKAS ... 50
CAVA želė SU BRAŠKĖMIS ... 51
    INGRIDIENTAI ... 51
    DARBINIMAS ... 51
    TRIUKAS ... 51
FRITTERS ... 52
    INGRIDIENTAI ... 52
    DARBINIMAS ... 52
    TRIUKAS ... 52
SAN JUAN COCA ... 53
    INGRIDIENTAI ... 53
    DARBINIMAS ... 53
BOLONINIO PADAŽAS ... 54
    INGRIDIENTAI ... 54
    DARBINIMAS ... 54
    TRIUKAS ... 55
BALTAS SULTINIS (VIŠTA ARBA JAUTIENA) ... 56
    INGRIDIENTAI ... 56
    DARBINIMAS ... 56

TRIUKAS 57
KONCASSÉ POMIDORAS 58
  INGRIDIENTAI 58
  DARBINIMAS 58
  TRIUKAS 58
ROBERTO PADAŽAS 59
  INGRIDIENTAI 59
  DARBINIMAS 59
  TRIUKAS 59
ROŽINIS PADAŽAS 60
  INGRIDIENTAI 60
  DARBINIMAS 60
  TRIUKAS 60
ŽUVŲ AKCIJA 61
  INGRIDIENTAI 61
  DARBINIMAS 61
  TRIUKAS 61
VOKIETIŠKAS PADAŽAS 62
  INGRIDIENTAI 62
  DARBINIMAS 62
  TRIUKAS 62
BRAVE PADAŽAS 63
  INGRIDIENTAI 63
  DARBINIMAS 63
  TRIUKAS 64
Tamsusis sultinys (vištiena ARBA JAUTIENA) 65

- INGRIDIENTAI 65
- DARBINIMAS 65
- TRIUKAS 66

MOJO PICÓN 67
- INGRIDIENTAI 67
- DARBINIMAS 67
- TRIUKAS 67

PESTO PADAŽAS 68
- INGRIDIENTAI 68
- DARBINIMAS 68
- TRIUKAS 68

SALDRŪGŠTIS PADAŽAS 69
- INGRIDIENTAI 69
- DARBINIMAS 69
- TRIUKAS 69

ŽALIAS MOJITO 70
- INGRIDIENTAI 70
- DARBINIMAS 70
- TRIUKAS 70

BESSAMEL PADAŽAS 71
- INGRIDIENTAI 71
- DARBINIMAS 71
- TRIUKAS 71

HUNTER PADAŽAS 72
- INGRIDIENTAI 72
- DARBINIMAS 72

- TRIUKAS 72
- AIOLI PADAŽAS 73
  - INGRIDIENTAI 73
  - DARBINIMAS 73
  - TRIUKAS 73
- AMERIKIETIŠKAS PADAŽAS 74
  - INGRIDIENTAI 74
  - DARBINIMAS 74
  - TRIUKAS 75
- AURORA PADAŽAS 76
  - INGRIDIENTAI 76
  - DARBINIMAS 76
  - TRIUKAS 76
- BARBEKIU PADAŽAS 77
  - INGRIDIENTAI 77
  - DARBINIMAS 77
  - TRIUKAS 78
- BEARNAIZŲ PADAŽAS 79
  - INGRIDIENTAI 79
  - DARBINIMAS 79
  - TRIUKAS 79
- CARBONARA PADAŽAS 80
  - INGRIDIENTAI 80
  - DARBINIMAS 80
  - TRIUKAS 80
- SKANAUS PADAŽAS 81

INGRIDIENTAI 81
DARBINIMAS 81
TRIUKAS 81
CUMBERLAND PADAŽAS 82
INGRIDIENTAI 82
DARBINIMAS 82
TRIUKAS 83
KARIO PADAŽAS 84
INGRIDIENTAI 84
DARBINIMAS 84
TRIUKAS 85
ČESNAKINIS PADAŽAS 86
INGRIDIENTAI 86
DARBINIMAS 86
TRIUKAS 86
GERDUOGŲ PADAŽAS 87
INGRIDIENTAI 87
DARBINIMAS 87
TRIUKAS 87
SIDRO PADAŽAS 88
INGRIDIENTAI 88
DARBINIMAS 88
TRIUKAS 88
KEČUPAS 89
INGRIDIENTAI 89
DARBINIMAS 89

TRIUKAS 90
PEDRO XIMENEZ VYNO PADAŽAS 91
    INGRIDIENTAI 91
    DARBINIMAS 91
    TRIUKAS 91
GRIETINĖS PADAŽAS 92
    INGRIDIENTAI 92
    DARBINIMAS 92
    TRIUKAS 92
MAYONEZO PADAŽAS 93
    INGRIDIENTAI 93
    DARBINIMAS 93
    TRIUKAS 93
JOGURTŲ IR KAPŲ PADAŽAS 94
    INGRIDIENTAI 94
    DARBINIMAS 94
    TRIUKAS 94
VELNIŲ PADAŽAS 95
    INGRIDIENTAI 95
    DARBINIMAS 95
    TRIUKAS 95
ISPANIŠKAS PADAŽAS 96
    INGRIDIENTAI 96
    DARBINIMAS 96
    TRIUKAS 96
OLANDŲ PADAŽAS 97

- INGRIDIENTAI 97
- DARBINIMAS 97
- TRIUKAS 97

ITALiškas APRANGA 98
- INGRIDIENTAI 98
- DARBINIMAS 98
- TRIUKAS 99

PUTĖS PADAŽAS 100
- INGRIDIENTAI 100
- DARBINIMAS 100
- TRIUKAS 100

REMOULADE PADAŽAS 101
- INGRIDIENTAI 101
- DARBINIMAS 101
- TRIUKAS 101

BIZCAINE PADAŽAS 102
- INGRIDIENTAI 102
- DARBINIMAS 102
- TRIUKAS 102

RAŠALŲ PADAŽAS 103
- INGRIDIENTAI 103
- DARBINIMAS 103
- TRIUKAS 103

MORNAY PADAŽAS 104
- INGRIDIENTAI 104
- DARBINIMAS 104

TRIUKAS 104
ROMESCO PADAŽAS 105
   INGRIDIENTAI 105
   DARBINIMAS 105
   TRIUKAS 106
SOUBISE PADAŽAS 107
   INGRIDIENTAI 107
   DARBINIMAS 107
   TRIUKAS 107
TARTAR PADAŽAS 108
   INGRIDIENTAI 108
   DARBINIMAS 108
   TRIUKAS 108
IRUSŲ PADAŽAS 109
   INGRIDIENTAI 109
   DARBINIMAS 109
   TRIUKAS 109
DARŽOVŲ SRIUBA 110
   INGRIDIENTAI 110
   DARBINIMAS 110
   TRIUKAS 110
VELOUTE PADAŽAS 111
   INGRIDIENTAI 111
   DARBINIMAS 111
   TRIUKAS 111
SALSA VINIGRETĖ 112

INGRIDIENTAI 112

DARBINIMAS 112

TRIUKAS 112

RAUDONI VAISIAI SALDIAME VYNE SU MĖTOMIS 113

INGRIDIENTAI 113

DARBINIMAS 113

TRIUKAS 113

TRIUKAS 114

VIŠTĖS BŪGINIAI SU VISKIU 115

INGRIDIENTAI 115

DARBINIMAS 115

TRIUKAS 115

KEPTA ANTIS 115

INGRIDIENTAI 116

DARBINIMAS 116

TRIUKAS 116

VILLAROY VIŠTĖS KŪNELĖ 118

INGRIDIENTAI 118

DARBINIMAS 118

TRIUKAS 119

VIŠTIENOS KRŪNELĖ SU GARSTYČIŲ IR CITRINŲ PADAŽU 120

INGRIDIENTAI 120

DARBINIMAS 120

TRIUKAS 121

KEPTINTA GAUNETĖ SU SLYVUMAIS IR GRYBAIS 122

INGRIDIENTAI 122

DARBINIMAS 122

TRIUKAS 123

VILLAROY vištienos krūtinėlė, įdaryta karamelizuotomis PIQUILLOS SU MODENOS ACTU 124

INGRIDIENTAI 124

DARBINIMAS 124

TRIUKAS 125

VIŠTĖS KŪNINĖLĖS, Įdarytos BAKONA, GRYBAIS IR SŪRIU 126

INGRIDIENTAI 126

DARBINIMAS 126

TRIUKAS 127

SALDAUS VYNO VIŠTĖS SU SLYVOMOS 128

INGRIDIENTAI 128

DARBINIMAS 128

TRIUKAS 129

Apelsinų vištienos krūtinėlės SU anakardžių riešutais 130

INGRIDIENTAI 130

DARBINIMAS 130

TRIUKAS 130

marinuota kurapka 131

INGRIDIENTAI 131

DARBINIMAS 131

TRIUKAS 131

KAČIATORINĖ VIŠTA 132

INGRIDIENTAI 132

DARBINIMAS 132

TRIUKAS 133
COCA COLA STILIUS VIŠTOS SPARNELAI 134
    INGRIDIENTAI 134
    DARBINIMAS 134
    TRIUKAS 134
ČESNAKINĖ VIŠTA 135
    INGRIDIENTAI 135
    DARBINIMAS 135
    TRIUKAS 136
VIŠTA AL CHILINDRON 137
    INGRIDIENTAI 137
    DARBINIMAS 137
    TRIUKAS 138
marinuotos putpelės IR RAUDONI VAISIAI 139
    INGRIDIENTAI 139
    DARBINIMAS 139
    TRIUKAS 140
CITRININĖ VIŠTA 141
    INGRIDIENTAI 141
    DARBINIMAS 141
    TRIUKAS 142
SAN JACOBO VIŠTA SU SERRANO KOMPIU, TORTA DEL CASAR IR ARUCULA 143
    INGRIDIENTAI 143
    DARBINIMAS 143
    TRIUKAS 143

KEPTA VIŠTĖS KARIS 144
    INGRIDIENTAI 144
    DARBINIMAS 144
    TRIUKAS 144
VIŠTA RAUDONOJE VYNE 145
    INGRIDIENTAI 145
    DARBINIMAS 145
    TRIUKAS 146
KEPTINTA VIŠTIENA SU JUODOMIS ALUS 147
    INGRIDIENTAI 147
    DARBINIMAS 147
    TRIUKAS 147
ŠOKOLADINĖ kurapka 149
    INGRIDIENTAI 149
    DARBINIMAS 149
    TRIUKAS 150
KEPTINTI kalkutijos ketvirčiai SU RAUDONŲJŲ VAISIŲ PADAŽU 151
    INGRIDIENTAI 151
    DARBINIMAS 151
    TRIUKAS 152
KEPTINTA VIŠTA SU PERSIKO PADAŽU 153
    INGRIDIENTAI 153
    DARBINIMAS 153
    TRIUKAS 154
VIŠTIENOS FILĖ Įdaryta Špinatais IR MOZARELLA 155

INGRIDIENTAI 155
DARBINIMAS 155
TRIUKAS 155
KEPTINTA VIŠTA CAVA 156
INGRIDIENTAI 156
DARBINIMAS 156
TRIUKAS 156
VIŠTIENOS VYZDŽIAI SU RIEŠUTŲ PADAŽU 157
INGRIDIENTAI 157
DARBINIMAS 157
TRIUKAS 158
VIŠTA PEPITORIJA 159
INGRIDIENTAI 159
DARBINIMAS 159
TRIUKAS 160
ORANŽINĖ VIŠTA 161
INGRIDIENTAI 161
DARBINIMAS 161
TRIUKAS 162
TROŠKINTA VIŠTA SU BARALIAIS 163
INGRIDIENTAI 163
DARBINIMAS 163
TRIUKAS 164
PARKINTA VIŠTA SU RIEŠUTAIS IR SOJA 165
INGRIDIENTAI 165
DARBINIMAS 165

TRIUKAS 166
ŠOKOLADINĖ VIŠTIENA SU SKRBINTAIS ALMEDRAS 167
    INGRIDIENTAI 167
    DARBINIMAS 167
    TRIUKAS 168
ĖVIENOS IEŠTELĖS SU PAPRIKO IR GARSTYČIŲ VINEIGRETE 169
    INGRIDIENTAI 169
    DARBINIMAS 169
    TRIUKAS 170
KIMŠTA VERŠIIENA SU PORT 171
    INGRIDIENTAI 171
    DARBINIMAS 171
    TRIUKAS 172
MADRILIJĄ MĖKALAI 173
    INGRIDIENTAI 173
    DARBINIMAS 174
    TRIUKAS 174
JAUTIENOS SKRUOSTAI SU ŠOKOLADU 175
    INGRIDIENTAI 175
    DARBINIMAS 175
    TRIUKAS 176
KIAULIŲ KONFITO PYRAGAS SU SALDIJU VYNO PADAŽU 177
    INGRIDIENTAI 177
    DARBINIMAS 177
    TRIUKAS 178
TRIUŠIS IKI ŽENKOS 179

INGRIDIENTAI 179

DARBINIMAS 179

TRIUKAS 180

MĖSOS KUNULIAI PEPITORIA LAZDYNO RIEŠUTŲ PADAŽE 181

INGRIDIENTAI 181

DARBINIMAS 182

TRIUKAS 182

VERŽIENOS ESKALOPINAI SU JUODUOJU ALUS 183

INGRIDIENTAI 183

DARBINIMAS 183

TRIUKAS 184

TRIPES A LA MADRILEÑA 185

INGRIDIENTAI 185

DARBINIMAS 185

TRIUKAS 186

KEPTINTA KIAULIENOS NUGINĖ SU OBUOLIU IR MĖTOMIS 187

INGRIDIENTAI 187

DARBINIMAS 187

TRIUKAS 188

VIŠTIENOS KUMULĖLIAI SU AVIEČIŲ PADAŽU 189

INGRIDIENTAI 189

DARBINIMAS 190

TRIUKAS 190

ĖVIENOS TROŠKINIS 191

INGRIDIENTAI 191

DARBINIMAS 191

TRIUKAS 192
KIŠKIS CIVET 193
    INGRIDIENTAI 193
    DARBINIMAS 193
    TRIUKAS 194
TRIUŠIS SU PIPERRADA 195
    INGRIDIENTAI 195
    DARBINIMAS 195
    TRIUKAS 196
SŪRIU Įdaryti VIŠTIENOS KUNULIAI SU kario padažu 197
    INGRIDIENTAI 197
    DARBINIMAS 198
    TRIUKAS 198
KIAUELIENOS SKRUOSTAI RAUDONOJE VYNE 199
    INGRIDIENTAI 199
    DARBINIMAS 199
    TRIUKAS 200
KIAULIENOS ŠILKAS NAVARRA 201
    INGRIDIENTAI 201
    DARBINIMAS 201
    TRIUKAS 201
TROŠINTA JAUTIENA SU ŽEMĖS RIEŠUTŲ PADAŽU 202
    INGRIDIENTAI 202
    DARBINIMAS 202
    TRIUKAS 203
KEPSTA KIAULĖ 204

INGRIDIENTAI	204
DARBINIMAS	204
TRIUKAS	204
KEPINTAS KOPŪSAS	**205**
INGRIDIENTAI	205
DARBINIMAS	205
TRIUKAS	205
TRIUŠIO KAKAČIATAS	**206**
INGRIDIENTAI	206
DARBINIMAS	206
TRIUKAS	207
JAUTIENOS ESKALOPAS A LA MADRILEÑA	**208**
INGRIDIENTAI	208
DARBINIMAS	208
TRIUKAS	208
TROŠINTAS TRIUSIS SU GRYBAIS	**209**
INGRIDIENTAI	209
DARBINIMAS	209
TRIUKAS	210
IBERIJOS KIAULIENOS ŠONKALINĖS SU BALTUOJU VYNU IR MEDUS	**211**
INGRIDIENTAI	211
DARBINIMAS	211
TRIUKAS	211

KRIAUŠĖS ŠOKOLADUOSE SU PIPRAIS

INGRIDIENTAI

150 g šokolado

85 g cukraus

½ litro pieno

4 kriaušės

1 cinamono lazdelė

10 pipirų

DARBINIMAS

Kriaušes nulupkite, nenuimdami stiebo. Virkite juos piene kartu su cukrumi, cinamono lazdele ir pipirų žirneliais 20 min.

Išimkite kriaušes, nukoškite pieną ir suberkite šokoladą. Leiskite mažėti nenustodami maišyti, kol sutirštės. Kriaušes patiekite kartu su šokoladiniu padažu.

TRIUKAS

Kai kriaušės iškeps, atidarykite išilgai, išimkite šerdį ir užpilkite maskarponės sūriu su cukrumi. Vėl uždarykite ir padažykite. skanus.

TRIJŲ ŠOKOLADINIS TORTAS SU BISKVITU

INGRIDIENTAI

150 g baltojo šokolado

150 g tamsaus šokolado

150 g pieniško šokolado

450 ml grietinėlės

450 ml pieno

4 šaukštai sviesto

1 pakuotė Mariaus sausainių

3 vokeliai varškės

DARBINIMAS

Sausainius sutrupinti ir sviestą ištirpinti. Sausainius ištrinkite su sviestu ir išimamoje formoje suformuokite pyrago pagrindą. Palikite šaldytuve 20 min.

Tuo tarpu inde pakaitinkite 150 g pieno, 150 g grietinėlės ir 150 g vieno iš šokoladinių saldainių. Kai tik pradės virti, 1 pakelį varškės atskieskite stiklinėje su trupučiu pieno ir supilkite į indelyje esantį mišinį. Išimkite, kai tik vėl iškeps.

Ant sausainių tešlos uždėkite pirmąjį šokoladą ir padėkite į šaldiklį 20 min.

Dar kartą tą patį pakartokite su kitu šokoladu ir uždėkite ant pirmojo sluoksnio. Ir pakartokite operaciją su trečiuoju šokoladu. Leiskite sustingti šaldiklyje arba šaldytuve iki patiekimo.

TRIUKAS

Galima naudoti ir kitus šokoladus, pavyzdžiui, mėtų ar apelsinų.

ŠVEICARINIS MARINGAS

INGRIDIENTAI

250 g cukraus

4 kiaušinių baltymai

žiupsnelis druskos

Keli lašai citrinos sulčių

DARBINIMAS

Kiaušinių baltymus plakite plaktuvu iki standžios konsistencijos. Po truputį ir nenustodami plakti supilkite citrinos sultis, žiupsnelį druskos ir cukraus.

Baigę dėti cukrų, plakite dar 3 minutes.

TRIUKAS

Kai baltymai kieti, tai vadinama piko tašku arba sniego tašku.

LAZDYNO RIEŠUTŲ LYDINIAI SU BANANAIS

INGRIDIENTAI

100 g miltų

25 g sviesto

25 g cukraus

1 ½ dl pieno

8 šaukštai lazdyno riešutų kremo

2 šaukštai romo

1 šaukštas cukraus pudros

2 bananai

1 kiaušinis

½ mielių voko

DARBINIMAS

Kiaušinį, mieles, romą, miltus, cukrų ir pieną išplakti. Leiskite pailsėti šaldytuve 30 min.

Nelipnioje keptuvėje ant silpnos ugnies įkaitinkite sviestą ir plonu tešlos sluoksniu paskleiskite visą paviršių. Apverskite iki šviesiai auksinės spalvos.

Gysločius nulupkite ir supjaustykite griežinėliais. Ant kiekvieno blynelio užtepkite 2 šaukštus lazdyno riešutų kremo ir ½ banano. Uždarykite nosinės formos ir pabarstykite cukraus pudra.

TRIUKAS

Blynelius galima pasigaminti iš anksto. Kai jie ruošiasi valgyti, tereikia juos įkaitinti keptuvėje su trupučiu sviesto iš abiejų pusių.

CITRININĖ TARTA SU ŠOKOLADINIU PAGRINDU

INGRIDIENTAI

400 ml pieno

300 g cukraus

250 g miltų

125 g sviesto

50 g kakavos

50 g kukurūzų krakmolo

5 tryniai

2 citrinų sultys

DARBINIMAS

Miltus, sviestą, 100 g cukraus ir kakavą sumaišykite iki smėlio konsistencijos. Tada įpilkite vandens, kol gausite nelipnią prie rankų tešlą. Išklokite formą, supilkite šį kremą ir kepkite 170ºC 20 minučių.

Kita vertus, pašildykite pieną. Tuo tarpu kiaušinių trynius ir likusį cukrų išplakti iki šviesiai baltos masės. Tada suberkite kukurūzų krakmolą ir sumaišykite su pienu. Kaitiname nuolat maišydami, kol sutirštės. Įpilkite citrinos sulčių ir toliau maišykite.

Surinkite tortą, užpildydami pagrindą kremu. Prieš patiekdami leiskite pailsėti šaldytuve 3 valandas.

TRIUKAS

Į citrininį kremą įdėkite keletą mėtų lapelių, kad pyragas būtų tobulas gaivumas.

TIRAMISU

INGRIDIENTAI

500 g maskarponės sūrio

120 g cukraus

1 pakelis ladyfingers sausainių

6 kiaušiniai

Amaretto (arba skrudintas romas)

1 didelė taurė su kava iš kavos virimo aparato (pasaldinta pagal skonį)

kakavos milteliai

Druska

DARBINIMAS

Atskirkite baltymus ir trynius. Išplakite kiaušinių trynius ir suberkite pusę cukraus bei maskarponės sūrį. Mušti apgaubiančiais judesiais ir atsarga. Kiaušinių baltymus išplakite iki smailės (arba sniego) su žiupsneliu druskos. Kai jie bus beveik surinkti, suberkite kitą pusę cukraus ir baikite surinkti. Švelniai ir apgaubiančiais judesiais sumaišykite trynius ir baltymus.

Pamerkite sausainius iš abiejų pusių į kavą ir alkoholį (per daug jų nesudrėkindami) ir padėkite į indo dugną.

Ant sausainių uždėkite sluoksnį kiaušinių ir sūrio kremo. Dar kartą panardinkite pirštus ir sudėkite ant tešlos. Užbaikite sūrio mase ir pabarstykite kakavos milteliais.

TRIUKAS

Valgykite per naktį arba geriau dvi dienas po paruošimo.

INTXAURSALSA (graikinių riešutų kremas)

INGRIDIENTAI

125 g lukštentų graikinių riešutų

100 g cukraus

1 litras pieno

1 nedidelė cinamono lazdelė

DARBINIMAS

Pieną su cinamonu užvirinkite ir suberkite cukrų bei susmulkintus riešutus.

Virkite ant silpnos ugnies 2 valandas ir prieš patiekdami leiskite atvėsti.

TRIUKAS

Jis turi būti tokios konsistencijos kaip ryžių pudingas.

UŽKANČIŲ PIENAS

INGRIDIENTAI

175 g cukraus

1 litras pieno

1 citrinos odelė

1 cinamono lazdelė

3 ar 4 kiaušinių baltymai

Cinamono milteliai

DARBINIMAS

Pieną kaitinkite ant silpnos ugnies su cinamono lazdele ir citrinos žievele, kol pradės virti. Iš karto suberkite cukrų ir virkite dar 5 min. Rezervuokite ir leiskite atvėsti šaldytuve.

Kai atvės, supilkite baltymus iki standumo ir apgaubiančiais judesiais supilkite į pieną. Patiekite su maltu cinamonu.

TRIUKAS

Norėdami gauti neprilygstamą granitą, pasidėkite į šaldiklį ir kas valandą braukite šakute, kol visiškai sustings.

KATĖS LIEŽUVAI

INGRIDIENTAI

350 g birių miltų

250 g minkšto sviesto

250 g cukraus pudros

5 kiaušinių baltymai

1 kiaušinis

Vanilė

Druska

DARBINIMAS

Į dubenį suberkite sviestą, cukraus pudrą, žiupsnelį druskos ir šiek tiek vanilės esencijos. Gerai išplakame ir įmušame kiaušinį. Plakite toliau ir nenustodami plakti po vieną sudėkite baltymus. Iš karto, daug nemaišydami, suberkite miltus.

Kremą sudėkite į maišelį su lygiu antgaliu ir padarykite maždaug 10 cm juosteles. Atmuškite lėkštę į stalą, kad tešla pasiskirstytų, ir kepkite 200ºC temperatūroje, kol galiukai taps auksiniai.

TRIUKAS

Į tešlą įpilkite 1 šaukštą kokoso miltelių, kad gautumėte skirtingus kačių liežuvius.

ORANŽINIAI KEKUČIAI

INGRIDIENTAI

220 g miltų

200 g cukraus

4 kiaušiniai

1 mažas apelsinas

1 ant cheminių mielių

Cinamono milteliai

220 g saulėgrąžų aliejaus

DARBINIMAS

Kiaušinius sumaišykite su cukrumi, cinamonu ir žievele bei apelsinų sultimis.

Įpilkite aliejaus ir išmaišykite. Suberkite persijotus miltus ir mieles. Leiskite šiam mišiniui pastovėti 15 minučių ir supilkite į keksiukų formeles.

Įkaitinkite orkaitę iki 200 laipsnių ir kepkite 15 minučių, kol paruduos.

TRIUKAS

Į tešlą galima įmaišyti šokoladinių perlų.

PORT KEPSTI OBUOLIAI

INGRIDIENTAI

80 g sviesto (4 gabalėliais)

8 šaukštai portveino

4 šaukštai cukraus

4 pipininiai obuoliai

DARBINIMAS

Išskleiskite obuolius. Užpildykite cukrumi ir uždėkite sviestą ant viršaus.

Kepti 30 min 175ºC temperatūroje. Praėjus šiam laikui, kiekvieną obuolį pabarstykite po 2 šaukštus portveino ir kepkite dar 15 minučių.

TRIUKAS

Patiekite šiltą su kaušeliu vanilinių ledų ir apšlakstykite jų išleistomis sultimis.

VIRTAS MARINGAS

INGRIDIENTAI

400 g granuliuoto cukraus

100g cukraus pudros

¼ litro kiaušinių baltymų

lašai citrinos sulčių

DARBINIMAS

Baltymus plakite su citrinos sultimis ir cukrumi bain-marie, kol jie gerai susimaišys. Nukelkite nuo ugnies ir plakite toliau (temperatūrai nukritus, meringue sutirštės).

Suberkite cukraus pudrą ir toliau plakite, kol meringue visiškai atvės.

TRIUKAS

Juo galima apdengti tortus ir daryti dekoracijas. Temperatūra ne aukštesnė kaip 60 ºC, kad balta spalva nesustingtų.

KRAUTIŠKAS

INGRIDIENTAI

170 g cukraus

1 litras pieno

1 valgomasis šaukštas kukurūzų krakmolo

8 kiaušinių tryniai

1 citrinos odelė

Cinamonas

DARBINIMAS

Pieną su citrinos odele ir puse cukraus užvirinkite. Kai tik užvirs, uždenkite ir leiskite pailsėti nuo ugnies.

Atskirai dubenyje išplakti kiaušinių trynius su likusiu cukrumi ir kukurūzų krakmolu. Įpilkite ketvirtadalį virinto pieno ir toliau maišykite.

Į likusį pieną supilkite trynių mišinį ir nenustodami maišyti virkite.

Pirmo užvirimo metu kai kuriais strypais plakite 15 s. Nukelkite nuo ugnies ir toliau plakite dar 30 sekundžių. Nukoškite ir leiskite pailsėti šaltai. Pabarstykite cinamonu.

TRIUKAS

Norint pagaminti skonių kremą – šokoladą, traiškytus sausainius, kavą, kokoso trintus ir pan. – reikia tik nuo ugnies ir karštą įmaišyti norimo skonio.

PANNA COTTA SU VIOLETINIAIS
saldainiais

INGRIDIENTAI

150 g cukraus

100 g violetinių saldainių

½ litro grietinėlės

½ litro pieno

9 želatinos lakštai

DARBINIMAS

Želatinos lakštus sudrėkinkite šaltu vandeniu.

Puode kaitinkite grietinėlę, pieną, cukrų ir karameles, kol ištirps.

Nukėlus nuo ugnies, supilkite želatiną ir maišykite, kol visiškai ištirps.

Supilkite į formeles ir padėkite į šaldytuvą bent 5 valandoms.

TRIUKAS

Šis receptas gali būti įvairus, įmaišant kavos saldainių, iriso ir kt.

CITRUSINIAI SAUSINIAI

INGRIDIENTAI

220 g minkšto sviesto

170 g miltų

55 g cukraus pudros

35 g kukurūzų krakmolo

5 g apelsino žievelės

5 g citrinos žievelės

2 šaukštai apelsinų sulčių

1 valgomasis šaukštas citrinos sulčių

1 kiaušinio baltymas

Vanilė

DARBINIMAS

Labai lėtai sumaišykite sviestą, kiaušinio baltymą, apelsinų sultis, citrinos sultis, citrusinių vaisių žievelę ir žiupsnelį vanilės esencijos. Išmaišykite ir suberkite persijotus miltus ir kukurūzų krakmolą.

Įdėkite tešlą į rankovę su garbanotu antgaliu ir nubrėžkite 7 cm žiedus ant pergamentinio popieriaus. Kepti 15 min 175ºC.

Sausainius pabarstykite cukraus pudra.

TRIUKAS

Į tešlą suberkite maltus gvazdikėlius ir imbierą. Rezultatas puikus.

MANGO PASTA

INGRIDIENTAI

550 g birių miltų

400 g minkšto sviesto

200g cukraus pudros

125 g pieno

2 kiaušiniai

Vanilė

Druska

DARBINIMAS

Įmaišykite miltus, cukrų, žiupsnelį druskos ir dar vieną vanilės esenciją. Po vieną įmuškite nelabai šaltus kiaušinius. Išplakite su šiek tiek šiltu pienu ir suberkite persijotus miltus.

Įdėkite tešlą į rankovę su riestu antgaliu ir šiek tiek pilkite ant pergamentinio popieriaus. Kepti 180ºC 10 min.

TRIUKAS

Išorėje galite įdėti maltų migdolų, apibarstyti šokoladu arba priklijuoti vyšnių.

JOGURTINIS TORTAS

INGRIDIENTAI

375 g miltų

250 g natūralaus jogurto

250 g cukraus

1 vokas cheminių mielių

5 kiaušiniai

1 mažas apelsinas

1 citrina

125 g saulėgrąžų aliejaus

DARBINIMAS

Kiaušinius ir cukrų plakite mikseriu 5 min. Sumaišykite su jogurtu, aliejumi, žievele ir citrusinių vaisių sultimis.

Miltus ir mieles persijokite ir sumaišykite su jogurtais.

Ištepkite ir miltais ištepkite formą. Supilkite tešlą ir kepkite 165 ºC apie 35 min.

TRIUKAS

Norėdami gaminti įvairius sausainius, naudokite aromatintus jogurtus.

BANANŲ KOMPOTAS SU rozmarinais

INGRIDIENTAI

30 g sviesto

1 rozmarino šakelė

2 bananai

DARBINIMAS

Nulupkite ir supjaustykite bananus.

Suberkite juos į puodą, uždenkite ir virkite ant labai mažos ugnies kartu su sviestu ir rozmarinu, kol bananas taps kaip kompotas.

TRIUKAS

Šis kompotas tinka ir prie kiaulienos kotletų, ir prie šokoladinio biskvito. Virimo metu galite įdėti 1 šaukštą cukraus, kad būtų saldesnis.

KREMBRIULĖ

INGRIDIENTAI

100 g rudojo cukraus

100 g baltojo cukraus

400 cl grietinėlės

300 cl pieno

6 kiaušinių tryniai

1 vanilės ankštis

DARBINIMAS

Atidarykite vanilės ankštį ir ištraukite pupeles.

Dubenyje suplakite pieną su baltu cukrumi, kiaušinių tryniais, grietinėle ir vanilės pupelėmis. Šiuo mišiniu užpildykite atskiras formas.

Įkaitinkite orkaitę iki 100 ºC ir kepkite bain-marie keptuvėje 90 min. Kai atvės, pabarstykite ruduoju cukrumi ir sudeginkite degikliu (arba grilio režimu įkaitinkite orkaitę iki maksimumo ir kepkite, kol cukrus šiek tiek apdegs).

TRIUKAS

Į grietinėlę arba pieną įpilkite 1 valgomąjį šaukštą tirpios kakavos, kad gautumėte skanų kakavinį brûlé.

ŠVEICARŲ RANKA PRIKIRDYTA KREMINE

INGRIDIENTAI

250 g šokolado

125 g cukraus

½ litro grietinėlės

Ladybug pyragas (žr. Desertų skyrių)

DARBINIMAS

Padarykite boružėlės pyragą. Užpildykite plakta grietinėle ir susukite ant savęs.

Puode užvirinkite cukrų su 125 g vandens. Suberkite šokoladą, nuolat maišydami ištirpinkite 3 minutes ir apliekite juo šveicarišką vyniotinį. Prieš patiekdami leiskite pailsėti.

TRIUKAS

Norėdami mėgautis dar pilnesniu ir skanesniu desertu, į grietinėlę suberkite susmulkintus vaisius sirupe.

KIAUŠINIŲ FLAN

INGRIDIENTAI

200 g cukraus

1 litras pieno

8 kiaušiniai

DARBINIMAS

Ant silpnos ugnies ir nemaišant padarykite karamelę su cukrumi. Kai įgaus apskrudusią spalvą, nukelkite nuo ugnies. Paskirstykite į atskiras flaneres arba bet kokias formas.

Išplakite pieną ir kiaušinius, kad nesusidarytų putų. Jei jis pasirodo prieš dedant į formas, visiškai išimkite.

Supilkite ant karamelės ir kepkite 165 ºC temperatūroje apie 45 minutes arba tol, kol adata pradurs ir išeis švari.

TRIUKAS

Pagal tą patį receptą gaminamas skanus pudingas. Tereikia į mišinį įmaišyti iš dienos prieš tai likusius kruasanus, bandeles, sausainius....

CAVA želė SU BRAŠKĖMIS

INGRIDIENTAI

500 g cukraus

150 g braškių

1 butelis šampano

½ pakuotės želatinos lakštų

DARBINIMAS

Puode įkaitinkite cavą ir cukrų. Įpilkite želatiną, anksčiau sudrėkintą šaltame vandenyje nuo ugnies.

Patiekite Martini taurėse kartu su braškėmis ir laikykite šaldytuve, kol sustings.

TRIUKAS

Jis taip pat gali būti gaminamas su bet kokiu saldžiu vynu ir su raudonais vaisiais.

FRITTERS

INGRIDIENTAI

150 g miltų

30 g sviesto

250 ml pieno

4 kiaušiniai

1 citrina

DARBINIMAS

Pieną ir sviestą kartu su citrinos žievele užvirinkite. Kai užvirs, nuimkite odelę ir suberkite miltus. Išjunkite ugnį ir maišykite 30 s.

Vėl uždėkite ant ugnies ir pajudinkite dar minutę, kol tešla neprilips prie indo sienelių.

Tešlą supilkite į dubenį ir po vieną įmuškite kiaušinius (kito nedėkite tol, kol ankstesnis gerai nesusimaišys su tešla).

Konditerinio maišelio pagalba arba 2 šaukštais apkepkite trintuvus nedidelėmis porcijomis.

TRIUKAS

Jis gali būti užpildytas grietinėle, grietinėle, šokoladu ir kt.

SAN JUAN COCA

INGRIDIENTAI

350 g miltų

100 g sviesto

40 g pušies riešutų

250 ml pieno

1 pakelis kepimo miltelių

1 citrinos žievelė

3 kiaušiniai

Cukrus

Druska

DARBINIMAS

Miltus ir mieles persijokite. Sumaišykite ir padarykite ugnikalnį. Į centrą supilkite žievelę, 110 g cukraus, sviestą, pieną, kiaušinius ir žiupsnelį druskos. Gerai minkykite, kol tešla nelips prie rankų.

Ištempkite voleliu, kol jis bus stačiakampis ir smulkus. Dėti į lėkštę ant pergamentinio popieriaus ir palikti 30 min fermentuotis.

Padažykite kokos kiaušiniu, pabarstykite kedro riešutais ir 1 šaukštu cukraus. Kepti 200ºC apie 25 min.

BOLONINIO PADAŽAS

INGRIDIENTAI

600 g trintų pomidorų

500 g maltos jautienos

1 taurė raudonojo vyno

3 morkos

2 salierų stiebeliai (nebūtina)

2 česnako skiltelės

1 svogūnas

raudonėlis

Cukrus

Alyvuogių aliejus

Druskos ir pipirų

DARBINIMAS

Smulkiai supjaustykite svogūną, česnaką, salierų stiebus ir morkas. Patepkite ir, kai daržovės suminkštės, sudėkite mėsą.

Įberkite druskos, pipirų ir išplaukite su vynu, kai dings rausva mėsos spalva. Palikite 3 minutes ant stiprios ugnies.

Sudėkite susmulkintus pomidorus ir virkite ant mažos ugnies 1 valandą. Pabaigoje rektifikuokite druską ir cukrų ir pagal skonį įberkite raudonėlio.

TRIUKAS

Bolognese visada asocijuojasi su makaronais, bet su ryžių plovu – skanu.

BALTAS SULTINIS (VIŠTA ARBA JAUTIENA)

INGRIDIENTAI

1 kg jautienos arba vištienos kaulų

1 dl baltojo vyno

1 saliero stiebas

1 šakelė čiobrelių

2 gvazdikėliai

1 lauro lapas

1 švarus poras

1 švari morka

½ svogūno

15 juodųjų pipirų

DARBINIMAS

Sudėkite visus ingredientus į puodą. Uždenkite vandeniu ir virkite ant vidutinės ugnies. Kai pradės virti, nugriebkite. Virkite 4 valandas.

Perkoškite per kinišką ir pakeiskite į kitą indą. Greitai rezervuokite šaldytuve.

TRIUKAS

Nesūdykite iki naudojimo, nes lengviau sugenda. Jis naudojamas kaip pagrindinis sultinys ruošiant padažus, sriubas, ryžių patiekalus, troškinius ir kt.

KONCASSÉ POMIDORAS

INGRIDIENTAI

1 kg pomidorų

120 g svogūnų

2 česnako skiltelės

1 rozmarino šakelė

1 šakelė čiobrelių

Cukrus

1 dl alyvuogių aliejaus

Druska

DARBINIMAS

Svogūnus ir česnaką supjaustykite mažais gabalėliais. Lėtai troškinkite keptuvėje 10 min.

Supjaustykite pomidorus ir sudėkite į keptuvę kartu su žolelėmis. Virkite, kol pomidorai neteks viso vandens.

Pagardinkite druska ir, jei reikia, išlyginkite cukrumi.

TRIUKAS

Jį galima paruošti iš anksto ir laikyti sandariame inde šaldytuve.

ROBERTO PADAŽAS

INGRIDIENTAI

200 g laiškinių svogūnų

100 g sviesto

½ l mėsos sultinio

¼ litro baltojo vyno

1 valgomasis šaukštas miltų

1 valgomasis šaukštas garstyčių

Druskos ir pipirų

DARBINIMAS

Svieste pakepinkite smulkiais gabalėliais supjaustytus laiškinius česnakus. Suberkite miltus ir lėtai virkite 5 min.

Padidinkite ugnį, supilkite vyną ir nuolat maišydami leiskite sumažinti per pusę.

Supilkite sultinį ir virkite dar 5 min. Nukėlus nuo ugnies, suberkite garstyčias ir pagardinkite druska bei pipirais.

TRIUKAS

Idealiai tinka prie kiaulienos.

ROŽINIS PADAŽAS

INGRIDIENTAI

250 g majonezo padažo (žr. skyrių „Sultiniai ir padažai")

2 šaukštai kečupo

2 šaukštai brendžio

½ apelsino sultys

Tabasco

Druskos ir pipirų

DARBINIMAS

Sumaišykite majonezą, kečupą, brendį, sultis, žiupsnelį tabasko, druskos ir pipirų. Gerai plakite, kol gausis vienalytis padažas.

TRIUKAS

Kad padažas būtų lygesnis, įpilkite ½ šaukšto garstyčių ir 2 šaukštus skystos grietinėlės.

ŽUVŲ AKCIJA

INGRIDIENTAI

500 g baltos žuvies kaulų arba galvų

1 dl baltojo vyno

1 petražolių šakelė

1 poro

½ mažo svogūno

5 pipirų žirneliai

DARBINIMAS

Visus ingredientus sudėkite į puodą ir užpilkite 1 l šalto vandens. Virkite ant vidutinės ugnies 20 min., nenugriebdami.

Nukoškite, perkelkite į kitą indą ir greitai rezervuokite šaldytuve.

TRIUKAS

Nesūdykite iki naudojimo, nes lengviau sugenda. Tai yra padažų, ryžių patiekalų, sriubų ir kt.

VOKIETIŠKAS PADAŽAS

INGRIDIENTAI

35 g sviesto

35 g miltų

2 kiaušinių tryniai

½ l sultinio (žuvies, mėsos, paukštienos ir kt.)

Druska

DARBINIMAS

Miltus pakepinkite svieste ant silpnos ugnies 5 min. Iš karto supilkite sultinį ir virkite ant vidutinės ugnies dar 15 minučių nenustodami plakti. Ištaisykite druską.

Nukėlus nuo ugnies ir nenustodami plakti, sudėkite kiaušinių trynius.

TRIUKAS

Per daug nekaitinkite, kad tryniai nesustingtų.

BRAVE PADAŽAS

INGRIDIENTAI

750 g keptų pomidorų

1 nedidelė taurė baltojo vyno

3 šaukštai acto

10 žalių migdolų

10 čili

5 riekelės duonos

3 česnako skiltelės

1 svogūnas

Cukrus

Alyvuogių aliejus

Druska

DARBINIMAS

Keptuvėje pakepinkite visą česnaką. Išsiimti ir rezervuoti. Tame pačiame aliejuje pakepinkite migdolus. Išsiimti ir rezervuoti. Toje pačioje keptuvėje apkepkite duoną. Išsiimti ir rezervuoti.

Tame pačiame aliejuje pakepinkite susmulkintą svogūną kartu su čili. Kai iškepa, sušlapinkite actu ir vyno taure. Palikite 3 minutes ant stiprios ugnies.

Sudėkite pomidorą, česnaką, migdolus ir duoną. Virkite 5 min., išmaišykite ir, jei reikia, pagardinkite druska ir cukrumi.

TRIUKAS

Jį galima užšaldyti atskiruose ledukų formelėse ir naudoti tik reikiamą kiekį.

Tamsusis sultinys (vištiena ARBA JAUTIENA)

INGRIDIENTAI

5 kg jautienos arba vištienos kaulų

500 g pomidorų

250 g morkų

250 g porų

125 g svogūnų

½ litro raudonojo vyno

5 litrai šalto vandens

1 filialas pio

3 lauro lapai

2 šakelės čiobrelių

2 rozmarino šakelės

15 pipirų

DARBINIMAS

Kepkite kauliukus 185ºC temperatūroje, kol lengvai apskrus. Į tą patį dėklą sudėkite nuvalytas daržoves ir supjaustykite vidutiniais gabalėliais. Leiskite daržovėms apskrusti.

Kaulus ir daržoves sudėkite į didelį puodą. Įpilkite vyno ir žolelių, įpilkite vandens. Virkite 6 valandas ant silpnos ugnies, retkarčiais nugriebdami. Nukoškite ir leiskite atvėsti.

TRIUKAS

Tai yra daugelio padažų, troškinių, ryžių patiekalų, sriubų ir kt. pagrindas. Kai sultinys atvės, riebalai lieka sustingę viršuje. Tokiu būdu jį lengviau pašalinti.

MOJO PICÓN

INGRIDIENTAI

8 šaukštai acto

2 arbatinius šaukštelius kmynų grūdų

2 arbatiniai šaukšteliai saldžiosios paprikos

2 galvos česnako

3 kajenai

30 šaukštų aliejaus

rupios druskos

DARBINIMAS

Visus kietus ingredientus, išskyrus papriką, sutrinkite į grūstuvą, kol gausis pasta.

Suberkite papriką ir toliau trinkite. Po truputį pilkite skystį, kol gausis vienalytis ir emulsinis padažas.

TRIUKAS

Idealiai tinka prie garsiųjų raukšlėtųjų bulvių, taip pat prie ant grotelių keptos žuvies.

PESTO PADAŽAS

INGRIDIENTAI

100 g pušies riešutų

100 g parmezano

1 ryšelis šviežio baziliko

1 skiltelė česnako

švelnaus alyvuogių aliejaus

DARBINIMAS

Sumaišykite visus ingredientus, kad jie nebūtų labai homogeniški, kad pastebėtumėte pušies riešutų traškumą.

TRIUKAS

Pušies riešutus galite pakeisti graikiniais riešutais, o baziliką – šviežia rukola. Iš pradžių tai daroma su skiediniu.

SALDRŪGŠTIS PADAŽAS

INGRIDIENTAI

100 g cukraus

100 ml acto

50 ml sojos padažo

1 citrinos žievelė

1 apelsino žievelė

DARBINIMAS

Virkite cukrų, actą, sojų padažą ir citrusinių vaisių žievelę 10 min. Prieš naudojimą leiskite atvėsti.

TRIUKAS

Tai puikus priedas prie pavasarinių suktinukų.

ŽALIAS MOJITO

INGRIDIENTAI

8 šaukštai acto

2 arbatinius šaukštelius kmynų grūdų

4 žalieji pipirai

2 galvos česnako

1 krūva petražolių arba kalendros

30 šaukštų aliejaus

rupios druskos

DARBINIMAS

Sutrinkite visas kietas medžiagas, kol gausis pasta.

Po truputį pilkite skystį, kol gausis vienalytis ir emulsinis padažas.

TRIUKAS

Galima be problemų laikyti uždengtą plastikine plėvele, porą dienų atšaldytą šaldytuve.

BESSAMEL PADAŽAS

INGRIDIENTAI

85 g sviesto

85 g miltų

1 litras pieno

Muskato riešutas

Druskos ir pipirų

DARBINIMAS

Puode ištirpinkite sviestą, suberkite miltus ir nuolat maišydami virkite ant silpnos ugnies 10 min.

Iš karto supilkite pieną ir virkite dar 20 min. Maišykite toliau. Ištaisykite druską, pipirus ir muskato riešutą.

TRIUKAS

Kad nesusidarytų gumuliukų, miltus su sviestu virkite ant silpnos ugnies ir toliau plakite, kol mišinys taps beveik skystas.

HUNTER PADAŽAS

INGRIDIENTAI

200 g grybų

200 g pomidorų padažo

125 g sviesto

½ l mėsos sultinio

¼ litro baltojo vyno

1 valgomasis šaukštas miltų

1 pavasario svogūnas

Druskos ir pipirų

DARBINIMAS

Smulkiai supjaustytą svogūną pakepinkite svieste ant vidutinės ugnies 5 min.

Sudėkite nuvalytus ir ketvirčiais supjaustytus grybus ir padidinkite ugnį. Virkite dar 5 minutes, kol neteks vandens. Suberkite miltus ir nenustodami maišyti kepkite dar 5 minutes.

Įpilkite vyno ir leiskite jam sumažėti. Įpilkite pomidorų padažo ir mėsos sultinio. Virkite dar 5 min.

TRIUKAS

Paliekame šaldytuve ir ant viršaus užtepame šviesia sviesto plėvele, kad ant paviršiaus nesusidarytų pluta.

AIOLI PADAŽAS

INGRIDIENTAI

6 česnako skiltelės

Actas

½ l šviesaus alyvuogių aliejaus

Druska

DARBINIMAS

Česnaką sutrinkite su druska grūstuvėje, kol gausis pasta.

Palaipsniui pilkite aliejų, nuolat maišydami grūstuvu, kol gausis tirštas padažas. Į padažą įpilkite šlakelį acto.

TRIUKAS

Jei česnako košės metu įpilamas 1 kiaušinio trynys, padažą pasigaminti lengviau.

AMERIKIETIŠKAS PADAŽAS

INGRIDIENTAI

150 g upinių vėžių

250 g krevečių ir krevečių lukštų ir galvų

250 g prinokusių pomidorų

250 g svogūno

100 g sviesto

50 g morkų

50 g poro

½ l žuvies sultinio

1 dl baltojo vyno

½ dl brendžio

1 valgomasis šaukštas miltų

1 lygio arbatinis šaukštelis aitriosios paprikos

1 šakelė čiobrelių

Druska

DARBINIMAS

Svieste pakepinkite smulkiais gabalėliais supjaustytas daržoves, išskyrus pomidorus. Tada pakepinkite papriką ir miltus.

Pakepinkite krabus ir likusių vėžiagyvių galvas ir flambiruokite su brendžiu. Rezervuokite krabų uodegas ir sumalkite skerdenas su fumetu. Perkoškite 2 ar 3 kartus, kol neliks apvalkalo likučių.

Į daržoves supilkite sultinį, vyną, ketvirčiais supjaustytus pomidorus ir čiobrelius. Virkite 40 minučių, sumalkite ir pagardinkite druska.

TRIUKAS

Puikus padažas prie įdarytų paprikų, jūrų velnių ar žuvies pyrago.

AURORA PADAŽAS

INGRIDIENTAI

45 g sviesto

½ l velouté padažo (žr. skyrių „Sultiniai ir padažai")

3 šaukštai pomidorų padažo

DARBINIMAS

Veluté padažą užvirinkite, suberkite šaukštus pomidorų ir išplakite šluotele.

Nukelkite nuo ugnies, supilkite sviestą ir toliau maišykite, kol gerai susimaišys.

TRIUKAS

Šį padažą naudokite kai kuriems įdarytiems kiaušiniams.

BARBEKIU PADAŽAS

INGRIDIENTAI

1 skardinė Coca Cola

1 puodelis pomidorų padažo

1 puodelis kečupo

½ stiklinės acto

1 arbatinis šaukštelis raudonėlio

1 arbatinis šaukštelis čiobrelių

1 arbatinis šaukštelis kmynų

1 skiltelė česnako

1 pjaustytas kajenas

½ svogūno

Alyvuogių aliejus

Druskos ir pipirų

DARBINIMAS

Svogūną ir česnaką supjaustykite nedideliais gabalėliais ir pakepinkite trupučiu aliejaus. Kai suminkštės, supilkite pomidorą, kečupą ir actą.

Virkite 3 min. Sudėkite kajeną ir prieskonius. Išmaišykite, supilkite Coca-Cola ir virkite, kol išliks tiršta tekstūra.

TRIUKAS

Tai puikus padažas prie vištienos sparnelių. Jį galima užšaldyti atskiruose ledukų formelėse ir naudoti tik reikiamą kiekį.

BEARNAIZŲ PADAŽAS

INGRIDIENTAI

250 g skaidraus sviesto

1 dl peletrūno acto

1 dl baltojo vyno

3 kiaušinių tryniai

1 askaloninis česnakas (arba ½ mažo svogūno)

Estragonas

Druskos ir pipirų

DARBINIMAS

Puode pakaitinkite smulkiais gabalėliais supjaustytą askaloninį česnaką kartu su actu ir vynu. Leiskite sumažinti, kol gausite apie 1 valgomąjį šaukštą.

Pagardintus kiaušinių trynius sudėkite į bain-marie. Įpilkite sumažinto vyno ir acto bei 2 šaukštus šalto vandens, kol tūris padidės dvigubai.

Nenustodami plakti į kiaušinių trynius pamažu supilkite ištirpintą sviestą. Įdėkite šiek tiek susmulkinto peletrūno ir laikykite ne aukštesnės kaip 50 ºC temperatūros vandens vonelėje.

TRIUKAS

Svarbu šį padažą laikyti bain-marie ant silpnos ugnies, kad nesuplyštų.

CARBONARA PADAŽAS

INGRIDIENTAI

200 g šoninės

200 g grietinėlės

150 g parmezano

1 vidutinis svogūnas

3 kiaušinių tryniai

Druskos ir pipirų

DARBINIMAS

Pakepinkite smulkiais kubeliais pjaustytą svogūną. Kai apkeps, suberkite smulkiomis juostelėmis supjaustytą šoninę ir palikite ant ugnies, kol apskrus.

Tada supilkite grietinėlę, pagardinkite druska, pipirais ir lėtai virkite 20 min.

Nukėlus nuo ugnies, suberkite tarkuotą sūrį, kiaušinių trynius ir išmaišykite.

TRIUKAS

Jei liko kitai progai, kai karšta, darykite tai ant silpnos ugnies ir ne per ilgai, kad kiaušinis nesutrauktų.

SKANAUS PADAŽAS

INGRIDIENTAI

200 g laiškinių svogūnų

100 g kornišonų

100 g sviesto

½ l mėsos sultinio

125 cl baltojo vyno

125 cl acto

1 valgomasis šaukštas garstyčių

1 valgomasis šaukštas miltų

Druskos ir pipirų

DARBINIMAS

Susmulkintus laiškinius česnakus pakepinkite svieste. Suberkite miltus ir lėtai virkite 5 min.

Padidinkite ugnį ir supilkite vyną bei actą ir nuolat maišydami leiskite sumažinti per pusę.

Supilkite sultinį, susmulkintus kornišonus ir virkite dar 5 minutes. Nukelkite nuo ugnies ir suberkite garstyčias. Sezonas.

TRIUKAS

Šis padažas idealiai tinka prie riebios mėsos.

CUMBERLAND PADAŽAS

INGRIDIENTAI

150 g serbentų uogienės

½ dl porto

1 stiklinė tamsaus mėsos sultinio (žr. skyrių „Sultiniai ir padažai")

1 arbatinis šaukštelis imbiero miltelių

1 valgomasis šaukštas garstyčių

1 askaloninis česnakas

½ apelsino žievelės

½ citrinos žievelės

½ apelsino sultys

½ citrinos sultys

Druskos ir pipirų

DARBINIMAS

Apelsinų ir citrinų odeles supjaustykite plonomis julienne juostelėmis. Virkite iš šalto vandens ir virkite 10 s. Pakartokite operaciją 2 kartus. Nusausinkite ir atnaujinkite.

Smulkiai supjaustykite askaloninius česnakus ir virkite 1 minutę, nuolat maišydami su serbentų uogiene, portveinu, sultiniu, citrusinių vaisių žievelėmis ir sultimis, garstyčiomis, imbieru, druska ir pipirais. Leiskite atvėsti.

TRIUKAS

Tai puikus padažas prie paštetų ar žvėrienos patiekalų.

KARIO PADAŽAS

INGRIDIENTAI

200 g svogūno

2 šaukštai miltų

2 šaukštai kario

3 česnako skiltelės

2 dideli pomidorai

1 šakelė čiobrelių

1 lauro lapas

1 buteliukas kokoso pieno

1 obuolys

1 bananas

Alyvuogių aliejus

Druska

DARBINIMAS

Aliejuje pakepinkite česnaką ir smulkiais gabalėliais supjaustytą svogūną. Sudėkite karį ir pakepinkite 3 min. Suberkite miltus ir nuolat maišydami patroškinkite dar 5 minutes.

Sudėkite ketvirčiais supjaustytus pomidorus, žoleles ir kokosų pieną. Virkite 30 min ant silpnos ugnies. Sudėkite nuluptą ir susmulkintą obuolį bei bananą ir virkite dar 5 minutes. Druską sutrinkite, perkoškite ir rektifikuokite.

TRIUKAS

Kad šis padažas būtų mažiau kaloringas, per pusę sumažinkite kokosų pieną ir pakeiskite vištienos sultiniu.

ČESNAKINIS PADAŽAS

INGRIDIENTAI

250 ml grietinėlės

10 česnako skiltelių

Druskos ir pipirų

DARBINIMAS

Česnaką blanširuokite 3 kartus šaltame vandenyje. Užvirinkite, nukoškite ir vėl užvirinkite nuo šalto vandens. Pakartokite šią operaciją 3 kartus.

Kai blanširuoja, virkite 25 minutes kartu su grietinėle. Galiausiai pagardinkite ir išmaišykite.

TRIUKAS

Ne visi kremai yra vienodi. Jei per tiršta, įpilkite šiek tiek grietinėlės ir virkite dar 5 minutes. Jei, priešingai, jis labai skystas, virkite ilgiau. Puikiai tinka prie žuvies.

GERDUOGŲ PADAŽAS

INGRIDIENTAI

200 g gervuogių

25 g cukraus

250 ml ispaniško padažo (žr. skyrių „Sultiniai ir padažai")

100 ml saldaus vyno

2 šaukštai acto

1 valgomasis šaukštas sviesto

Druskos ir pipirų

DARBINIMAS

Ant silpnos ugnies padarykite karamelę su cukrumi. Įpilkite acto, vyno, gervuogių ir virkite 15 min.

Supilkite ispanišką padažą. Įberkite druskos, pipirų, išmaišykite, perkoškite ir kartu su sviestu užvirinkite.

TRIUKAS

Tai puikus padažas prie žvėrienos.

SIDRO PADAŽAS

INGRIDIENTAI

250 ml grietinėlės

1 butelis sidro

1 cukinija

1 morka

1 poro

Druska

DARBINIMAS

Daržoves supjaustykite kubeliais ir troškinkite 3 minutes ant stiprios ugnies. Supilkite sidrą ir palikite 5 min.

Įpilkite grietinėlės, druskos ir virkite dar 15 minučių.

TRIUKAS

Puikus priedas prie ant grotelių keptos karšio nugarinės ar lašišos gabalėlio.

KEČUPAS

INGRIDIENTAI

1 ½ kg prinokusių pomidorų

250 g svogūno

1 stiklinė baltojo vyno

1 kumpio kaulas

2 česnako skiltelės

1 didelė morka

šviežių čiobrelių

šviežias rozmarinas

Cukrus (nebūtina)

Druska

DARBINIMAS

Svogūną, česnaką ir morką supjaustykite julienne juostelėmis ir pakepinkite ant vidutinės ugnies. Kai daržovės suminkštės, suberkite kaulą ir supilkite vyną. Padidink ugnį.

Sudėkite ketvirčiais supjaustytus pomidorus ir aromatines žoleles. Virti 30 min.

Pašalinkite kaulą ir žoleles. Susmulkinkite, perkoškite ir, jei reikia, išvalykite druską ir cukrų.

TRIUKAS

Užšaldykite atskiruose ledukų formelėse, kad visada po ranka būtų skanus naminis pomidorų padažas.

PEDRO XIMENEZ VYNO PADAŽAS

INGRIDIENTAI

35 g sviesto

250 ml ispaniško padažo (žr. skyrių „Sultiniai ir padažai")

75 ml Pedro Ximenez vyno

Druskos ir pipirų

DARBINIMAS

Vyną pakaitinkite 5 minutes ant vidutinės ugnies. Įpilkite ispaniško padažo ir virkite dar 5 min.

Kad sutirštėtų ir blizgėtų, nukelkite ugnį, toliau plakdami kubeliais pjaustytą šaltą sviestą. Sezonas.

TRIUKAS

Jį galima gaminti su bet kokiu saldžiu vynu, pavyzdžiui, portveinu.

GRIETINĖS PADAŽAS

INGRIDIENTAI

½ l bešamelio padažo (žr. skyrių „Sultiniai ir padažai")

200 cl grietinėlės

½ citrinos sultys

DARBINIMAS

Išvirkite bešamelį ir supilkite grietinėlę. Virkite, kol gausis apie 400 cl padažo.

Nukėlus nuo ugnies, įpilkite citrinos sulčių.

TRIUKAS

Idealiai tinka gratinuoti, žuvies ir įdarytų kiaušinių padažui.

MAYONEZO PADAŽAS

INGRIDIENTAI

2 kiaušiniai

½ citrinos sultys

½ l šviesaus alyvuogių aliejaus

Druskos ir pipirų

DARBINIMAS

Kiaušinius ir citrinos sultis įmuškite į maišytuvo stiklinę.

Plakite trintuvu 5, plonu siūlu įpildami aliejaus ir toliau plakdami. Ištaisykite druską ir pipirus.

TRIUKAS

Kad šlifuojant neįpjautų, į trintuvo stiklinę kartu su likusiais ingredientais įpilkite 1 valgomąjį šaukštą karšto vandens.

JOGURTŲ IR KAPŲ PADAŽAS

INGRIDIENTAI

20 g svogūno

75 ml majonezo padažo (žr. skyrių „Sultiniai ir padažai")

1 valgomasis šaukštas medaus

2 jogurtai

Krapai

Druska

DARBINIMAS

Sumaišykite visus ingredientus, išskyrus krapus, kol gausite vientisą padažą.

Smulkiai supjaustykite krapus ir suberkite į padažą. Pašalinkite ir ištaisykite druską.

TRIUKAS

Puikiai tiks prie keptų bulvių ar avienos mėsos.

VELNIŲ PADAŽAS

INGRIDIENTAI

100 g sviesto

½ l mėsos sultinio

3 dl baltojo vyno

1 pavasario svogūnas

2 paprikos

Druska

DARBINIMAS

Svogūną supjaustykite mažais gabalėliais ir pakepinkite aukštoje temperatūroje. Suberkite čili, supilkite vyną ir leiskite perpus sumažinti tūrį.

Sudrėkinkite sultiniu, virkite dar 5 minutes ir pagardinkite druska bei prieskoniais.

Įpilkite labai šaltą sviestą nuo ugnies ir šluotele išmaišykite iki tirštės ir blizgios.

TRIUKAS

Šį padažą galima gaminti ir su saldžiu vynu. Rezultatas yra išskirtinis.

ISPANIŠKAS PADAŽAS

INGRIDIENTAI

30 g sviesto

30 g miltų

1 l mėsos sultinio (sumažinto)

Druskos ir pipirų

DARBINIMAS

Miltus pakepinkite svieste, kol lengvai apskrus.

Maišydami supilkite verdantį sultinį. Virkite 5 minutes ir pagardinkite druska bei pipirais.

TRIUKAS

Šis padažas yra daugelio tobulinimų pagrindas. Tai yra tai, kas kulinarijoje vadinama baziniu padažu.

OLANDŲ PADAŽAS

INGRIDIENTAI

250 g sviesto

3 kiaušinių tryniai

¼ citrinos sultys

Druskos ir pipirų

DARBINIMAS

Ištirpinkite sviestą.

Kiaušinių trynius išplakite bain-marie kartu su trupučiu druskos, pipirų ir citrinos sulčių bei 2 šaukštais šalto vandens, kol tūris padidės dvigubai.

Toliau plakant į kiaušinių trynius palaipsniui įmaišyti ištirpintą sviestą. Laikyti vandens vonioje ne aukštesnėje kaip 50 ºC temperatūroje.

TRIUKAS

Šis padažas yra įspūdingas prie nedidelių keptų bulvių su rūkyta lašiša ant viršaus.

ITALiškas APRANGA

INGRIDIENTAI

125 g pomidorų padažo

100 g grybų

50 g Jorko kumpio

50 g laiškinių svogūnų

45 g sviesto

125 ml ispaniško padažo (žr. skyrių „Sultiniai ir padažai")

90 ml baltojo vyno

1 šakelė čiobrelių

1 rozmarino šakelė

Druskos ir pipirų

DARBINIMAS

Smulkiai supjaustykite svogūną ir pakepinkite svieste. Kai suminkštės, padidinkite ugnį ir suberkite griežinėliais pjaustytus ir nuvalytus grybus. Sudėkite kubeliais pjaustytą kumpį.

Supilkite vyną ir žoleles ir leiskite visiškai sumažėti.

Įpilkite ispaniško padažo ir pomidorų padažo. Virkite 10 minučių ir pagardinkite druska bei pipirais.

TRIUKAS

Puikiai tinka makaronams ir virtiems kiaušiniams.

PUTĖS PADAŽAS

INGRIDIENTAI

250 g sviesto

85 ml plaktos grietinėlės

3 kiaušinių tryniai

¼ citrinos sultys

Druskos ir pipirų

DARBINIMAS

Ištirpinkite sviestą.

Kiaušinių trynius sudėkite į bain-marie kartu su trupučiu druskos, pipirų ir citrinos sulčių. Įpilkite 2 šaukštus šalto vandens, kol tūris padidės dvigubai. Į kiaušinių trynius, nenustodami plakti, palaipsniui įmaišykite sviestą.

Tik patiekimo metu išplakite grietinėlę ir švelniais ir apgaubiančiais judesiais įpilkite į ankstesnę mišinį.

TRIUKAS

Laikyti vandens vonioje ne aukštesnėje kaip 50 ºC temperatūroje. Puikiai tinka kepti lašišą, skutimosi moliuskus, šparagus ir kt.

REMOULADE PADAŽAS

INGRIDIENTAI

250 g majonezo padažo (žr. skyrių „Sultiniai ir padažai")

50 kornišonų

50 g kaparėlių

10 g ančiuvių

1 arbatinis šaukštelis kapotų šviežių petražolių

DARBINIMAS

Ančiuvius sutrinkite grūstuvėje, kol jie sutirštės. Kaparėlius ir kornišonus supjaustykite labai mažais gabalėliais. Sudėkite likusius ingredientus ir išmaišykite.

TRIUKAS

Idealiai tinka įdaryti kiaušiniai.

BIZCAINE PADAŽAS

INGRIDIENTAI

500 g svogūnų

400 g šviežių pomidorų

25 g duonos

3 česnako skiltelės

4 chorizo arba ñoras pipirai

Cukrus (nebūtina)

Alyvuogių aliejus

Druska

DARBINIMAS

Išmirkykite ñoras, kad pašalintumėte mėsą.

Svogūnus ir česnakus supjaustykite julienne juostelėmis ir pakepinkite ant vidutinės ugnies uždengtame puode 25 min.

Sudėkite duoną ir kubeliais pjaustytus pomidorus ir toliau kepkite dar 10 min. Sudėkite ñorų mėsą ir kepkite dar 10 minučių.

Jei reikia, sutrinkite ir ištaisykite druską ir cukrų.

TRIUKAS

Nors tai nėra įprasta, tai puikus padažas, kurį galima gaminti su spagečiais.

RAŠALŲ PADAŽAS

INGRIDIENTAI

2 česnako skiltelės

1 didelis pomidoras

1 mažas svogūnas

½ mažos raudonosios paprikos

½ mažos žaliosios paprikos

2 pakeliai kalmarų rašalo

baltas vynas

Alyvuogių aliejus

Druska

DARBINIMAS

Daržoves supjaustykite mažais gabalėliais ir lėtai patroškinkite 30 min.

Suberkite tarkuotus pomidorus ir virkite ant vidutinės ugnies, kol neteks vandens. Padidinkite ugnį ir supilkite rašalo paketėlius bei šlakelį vyno. Leiskite sumažinti per pusę.

Susmulkinkite, perkoškite ir pagardinkite druska.

TRIUKAS

Jei susmulkinus bus pridėta šiek tiek daugiau rašalo, padažas bus ryškesnis.

MORNAY PADAŽAS

INGRIDIENTAI

75 g parmezano sūrio

75 g sviesto

75 g miltų

1 litras pieno

2 kiaušinių tryniai

Muskato riešutas

Druskos ir pipirų

DARBINIMAS

Puode ištirpinkite sviestą. Suberkite miltus ir nuolat maišydami virkite ant silpnos ugnies 10 min.

Visą iš karto supilkite pieną ir nuolat maišydami virkite dar 20 minučių.

Sudėkite kiaušinių trynius ir sūrį nuo ugnies ir toliau maišykite. Ištaisykite druską, pipirus ir muskato riešutą.

TRIUKAS

Tai puikus padažas prie gratino. Galima naudoti bet kokio tipo sūrį.

ROMESCO PADAŽAS

INGRIDIENTAI

100 g acto

80 g skrudintų migdolų

½ arbatinio šaukštelio saldžiosios paprikos

2 ar 3 prinokusių pomidorų

2 ñoros

1 nedidelė skrudintos duonos riekelė

1 česnako galva

1 čili

250 g aukščiausios kokybės pirmojo spaudimo alyvuogių aliejaus

Druska

DARBINIMAS

Drėkinkite ñoras karštame vandenyje 30 min. Pašalinkite jo minkštimą ir rezervą.

Įkaitinkite orkaitę iki 200 ºC ir paskrudinkite pomidorus bei česnako galvutę (pomidorams reikia apie 15 ar 20 min., o česnakui šiek tiek mažiau).

Paskrudus nuvalykite pomidorų odelę ir sėklas, po vieną išimkite česnaką. Sudėkite į trintuvo stiklinę kartu su migdolais, skrudinta duona, ñorų mėsa, aliejumi ir actu. Gerai sumuškite.

Tada suberkite saldžiąją papriką ir žiupsnelį aitriosios paprikos. Dar kartą išplakite ir supilkite druską.

TRIUKAS

Nepersmulkinkite padažo.

SOUBISE PADAŽAS

INGRIDIENTAI

100 g sviesto

85 g miltų

1 litras pieno

1 svogūnas

Muskato riešutas

Druskos ir pipirų

DARBINIMAS

Puode ištirpinkite sviestą ir lėtai pakepinkite plonomis juostelėmis supjaustytą svogūną 25 min. Suberkite miltus ir nuolat maišydami kepkite dar 10 minučių.

Supilkite pieną iš karto ir virkite dar 20 minučių ant silpnos ugnies, nuolat maišydami. Ištaisykite druską, pipirus ir muskato riešutą.

TRIUKAS

Jis gali būti patiekiamas toks, koks yra arba sutrintas. Puikiai tinka prie cannelloni.

TARTAR PADAŽAS

INGRIDIENTAI

250 g majonezo padažo (žr. skyrių „Sultiniai ir padažai")

20 g česnako

1 valgomasis šaukštas kaparėlių

1 valgomasis šaukštas šviežių petražolių

1 valgomasis šaukštas garstyčių

1 agurkas acte

1 kietai virtas kiaušinis

Druska

DARBINIMAS

Smulkiai supjaustykite svogūną, kaparėlius, petražoles, kornišoną ir kietai virtą kiaušinį.

Viską išmaišykite ir sudėkite majonezą bei garstyčias. Įdėkite žiupsnelį druskos.

TRIUKAS

Tai puikus priedas prie žuvies ir šaltos mėsos.

IRUSŲ PADAŽAS

INGRIDIENTAI

150 g cukraus

70 g sviesto

300 ml grietinėlės

DARBINIMAS

Iš sviesto ir cukraus padarykite karamelę, bet kada nemaišydami.

Kai karamelė pasidarys, nukelkite nuo ugnies ir supilkite grietinėlę. Virkite 2 minutes ant stiprios ugnies.

TRIUKAS

Irisą galite pagardinti įdėję 1 rozmarino šakelę.

DARŽOVŲ SRIUBA

INGRIDIENTAI

250 g morkų

250 g porų

250 g pomidorų

150 g svogūno

150 g ropės

100 g salierų

Druska

DARBINIMAS

Daržoves gerai nuplaukite ir supjaustykite įprastais gabalėliais. Sudėkite į puodą ir užpilkite šaltu vandeniu.

Virkite ant silpnos ugnies 2 valandas. Nukoškite ir įberkite druskos.

TRIUKAS

Iš panaudotų daržovių galima pasigaminti gerą kremą. Visada gaminkite be dangčio, kad išgaravus vandeniui geriau susikoncentruotų skoniai.

VELOUTE PADAŽAS

INGRIDIENTAI

35 g sviesto

35 g miltų

½ l sultinio (žuvies, mėsos, paukštienos ir kt.)

Druska

DARBINIMAS

Miltus lėtai pakepinkite svieste 5 min.

Iš karto supilkite sultinį ir virkite ant vidutinės ugnies nuolat maišydami. Įdėkite žiupsnelį druskos.

TRIUKAS

Jis naudojamas kaip daugelio kitų padažų pagrindas.

SALSA VINIGRETĖ

INGRIDIENTAI

4 šaukštai acto

1 mažas svogūnas

1 didelis pomidoras

½ raudonosios paprikos

½ žaliųjų pipirų

12 šaukštų alyvuogių aliejaus

Druska

DARBINIMAS

Pomidorą, papriką ir svogūną supjaustykite labai mažais gabalėliais.

Viską išmaišykite ir įpilkite aliejaus, acto ir druskos.

TRIUKAS

Idealiai tinka midijų ar bulvių, virtų su tunu, padažui.

RAUDONI VAISIAI SALDIAME VYNE SU MĖTOMIS

INGRIDIENTAI

550 g raudonų vaisių

50 g cukraus

2 dl saldaus vyno

5 mėtų lapeliai

DARBINIMAS

Raudonuosius vaisius, cukrų, saldų vyną ir mėtų lapelius virkite puode 20 min.

Palikite tame pačiame inde, kol atvės, ir patiekite atskiruose dubenėliuose.

TRIUKAS

Sutrinkite ir padėkite su grietininiais ledais ir stambiais šokoladiniais sausainiais.

TRIUKAS

Geriau valgyti šaltą. Prieš kepdami ant viršaus uždėkite keletą cukatų. Rezultatas fantastiškas.

VIŠTĖS BŪGINIAI SU VISKIU

INGRIDIENTAI

12 vištienos šlaunelių

200 ml grietinėlės

150 ml viskio

100 ml vištienos sultinio

3 kiaušinių tryniai

1 pavasario svogūnas

Miltai

Alyvuogių aliejus

Druskos ir pipirų

DARBINIMAS

Pagardinkite, miltais ir apkepkite vištienos šlauneles. Išsiimti ir rezervuoti.

Tame pačiame aliejuje pakepinkite smulkiai pjaustytą svogūną 5 min. Įpilkite viskį ir flambrą (turi būti nuimtas gartraukis). Supilkite grietinėlę ir sultinį. Dar kartą sudėkite vištieną ir virkite 20 minučių ant silpnos ugnies.

Nukelkite nuo ugnies, sudėkite kiaušinių trynius ir atsargiai išmaišykite, kad padažas šiek tiek sutirštėtų. Jei reikia, pagardinkite druska ir pipirais.

TRIUKAS

Viskį galima pakeisti mūsų labiausiai mėgstamu alkoholiniu gėrimu.

KEPTA ANTIS

INGRIDIENTAI

1 švari antis

1 litras vištienos sultinio

4 dl sojos padažo

3 šaukštai medaus

2 česnako skiltelės

1 mažas svogūnas

1 kajenas

šviežio imbiero

Alyvuogių aliejus

Druskos ir pipirų

DARBINIMAS

Dubenyje sumaišykite vištienos sultinį, sojų pupeles, tarkuotą česnaką, smulkiai pjaustytą kajeno pipirą ir svogūną, medų, gabalėlį tarkuoto imbiero ir pipirų. Šiame mišinyje antį marinuoti 1 val.

Išimkite iš maceracijos ir padėkite ant kepimo skardos su puse maceracijos skysčio. Kepkite ant grotelių 200 laipsnių temperatūroje po 10 minučių iš kiekvienos pusės. Nuolat šlapias šepetėliu.

Nuleiskite orkaitę iki 180 ºC ir kepkite dar po 18 minučių iš kiekvienos pusės (toliau dažykite kas 5 minutes teptuku).

Išimkite ir rezervuokite antį, o padažą per pusę sumažinkite puode ant vidutinės ugnies.

TRIUKAS

Iš pradžių paukštelius kepkite krūtinėlėmis žemyn, taip jie bus mažiau sausi ir sultingesni.

VILLAROY VIŠTĖS KŪNELĖ

INGRIDIENTAI

1 kg vištienos krūtinėlės

2 morkos

2 salierų lazdelės

1 svogūnas

1 poro

1 ropė

Miltai, kiaušinis ir džiūvėsėliai (aptepimui)

besameliui

1 litras pieno

100 g sviesto

100 g miltų

sumaltas muskato riešutas

Druskos ir pipirų

DARBINIMAS

Visas švarias daržoves virkite 2 l vandens (nuo šalto) 45 min.

Tuo tarpu pasigaminkite bešamelio padažą, 5 minutes pakepinkite miltus svieste ant vidutinės-lėtos ugnies. Tada supilkite pieną ir išmaišykite. Pagardinkite ir suberkite muskato riešutą. Virkite 10 minučių ant silpnos ugnies nenustodami plakti.

Sultinį nukoškite ir jame 15 min virkite krūtinėles (sveikas arba filė). Išimkite ir leiskite jiems atvėsti. Krūtinėles gerai ištepkite bešamelio padažu ir pasidėkite į šaldytuvą. Atvėsusį apibarstykite miltais, kiaušiniu ir galiausiai džiūvėsėliais. Kepti gausiame aliejuje ir patiekti karštą.

TRIUKAS

Iš sultinio ir trintų daržovių galite pagaminti išskirtinį kremą.

VIŠTIENOS KRŪNELĖ SU GARSTYČIŲ IR CITRINŲ PADAŽU

INGRIDIENTAI

4 vištienos krūtinėlės

250 ml grietinėlės

3 šaukštai brendžio

3 šaukštai garstyčių

1 valgomasis šaukštas miltų

2 česnako skiltelės

1 citrina

½ laiškinio svogūno

Alyvuogių aliejus

Druskos ir pipirų

DARBINIMAS

Įprastais gabalėliais supjaustytas krūtinėles pasūdykite ir apkepkite su trupučiu aliejaus. Rezervas.

Tame pačiame aliejuje pakepinkite česnaką ir smulkiai supjaustytą česnaką. Suberkite miltus ir virkite 1 min. Supilkite brendį, kol išgaruos, ir supilkite grietinėlę, 3 šaukštus citrinos sulčių ir jos žievelę, garstyčias ir druską. Virkite padažą 5 minutes.

Dar kartą sudėkite vištieną ir virkite ant mažos ugnies dar 5 minutes.

TRIUKAS

Prieš ištraukdami sultis, pirmiausia sutarkuokite citriną. Norint sutaupyti, jį galima gaminti ir su pjaustyta vištiena, o ne krūtinėlėmis.

KEPTINTA GAUNETĖ SU SLYVUMAIS IR GRYBAIS

INGRIDIENTAI

1 perlinė višta

250 g grybų

200 ml uoste

¼ litro vištienos sultinio

15 slyvų be kauliukų

1 skiltelė česnako

1 arbatinis šaukštelis miltų

Alyvuogių aliejus

Druskos ir pipirų

DARBINIMAS

Įberkite druskos, pipirų ir kepkite perlinę vištą kartu su slyvomis 40 minučių 175 ºC temperatūroje. Įpusėjus kepimui, apverskite. Pasibaigus laikui, išimkite sultis ir rezervuokite.

2 šaukštus aliejaus ir miltus pakepinkite puode 1 minutę. Išmaudykite su vynu ir leiskite sumažėti per pusę. Suvilgykite kepsnio sultimis ir sultiniu. Virkite 5 minutes nenustodami maišyti.

Atskirai patroškinkite grybus su trupučiu malto česnako, suberkite į padažą ir užvirkite. Perlinę vištą patiekite su padažu.

TRIUKAS

Ypatingomis progomis perlinę vištą galite įdaryti obuoliu, foie, malta mėsa, riešutais.

 AVES

VILLAROY vištienos krūtinėlė, įdaryta karamelizuotomis PIQUILLOS SU MODENOS ACTU

INGRIDIENTAI

4 vištienos krūtinėlės filė

100 g sviesto

100 g miltų

1 litras pieno

1 skardinė piquillo pipirų

1 stiklinė Modenos acto

½ stiklinės cukraus

Muskato riešutas

Kiaušinis ir džiūvėsėliai (aptepimui)

Alyvuogių aliejus

Druskos ir pipirų

DARBINIMAS

Sviestą ir miltus pakepinkite 10 minučių ant silpnos ugnies. Tada supilkite pieną ir virkite 20 minučių nuolat maišydami. Pagardinkite ir suberkite muskato riešutą. Leiskite atvėsti.

Tuo tarpu papriką karamelizuokite su actu ir cukrumi, kol actas pradės (tik pradės) tirštėti.

Pagardinkite filė druska, pipirais ir įdarykite pikilio pipirais. Krūtinėles susukite į skaidrią plėvelę, tarsi labai tvirtus saldainius, uždarykite ir 15 minučių pavirkite vandenyje.

Kai iškeps, iš visų pusių aptepkite bešameliu ir pamerkite į plaktą kiaušinį bei džiūvėsėlius. Kepti gausiame aliejuje.

TRIUKAS

Jei bešameliui beriant miltus įberiame porą šaukštų kario, gaunamas kitoks ir labai sodrus rezultatas.

VIŠTĖS KŪNINĖLĖS, Įdarytos BAKONA, GRYBAIS IR SŪRIU

INGRIDIENTAI

4 vištienos krūtinėlės filė

100 g grybų

4 griežinėliai rūkytos šoninės

2 šaukštai garstyčių

6 šaukštai grietinėlės

1 svogūnas

1 skiltelė česnako

pjaustyto sūrio

Alyvuogių aliejus

Druskos ir pipirų

DARBINIMAS

Pagardinkite vištienos filė. Grybus nuvalykite ir supjaustykite ketvirčiais.

Šoninę pakepinkite ir ant stiprios ugnies pakepinkite susmulkintus grybus su česnaku.

Filėles įdarykite šonine, sūriu ir grybais ir puikiai uždarykite permatoma plėvele, lyg būtų saldainiai. Virkite 10 minučių verdančiame vandenyje. Nuimkite plėvelę ir filė.

Kita vertus, smulkiai supjaustytą svogūną paskrudinkite, supilkite grietinėlę ir garstyčias, pavirkite 2 minutes ir išmaišykite. Patepkite ant vištienos

TRIUKAS

Skaidri plėvelė palaiko aukštą temperatūrą ir nesuteikia maistui jokio skonio.

SALDAUS VYNO VIŠTĖS SU SLYVOMOS

INGRIDIENTAI

1 didelė vištiena

100 g slyvų be kauliukų

½ l vištienos sultinio

½ butelio saldaus vyno

1 pavasario svogūnas

2 morkos

1 skiltelė česnako

1 valgomasis šaukštas miltų

Alyvuogių aliejus

Druskos ir pipirų

DARBINIMAS

Pagardinkite ir labai karštame puode su aliejumi apkepkite gabalėliais supjaustytą vištieną. Išimkite ir rezervuokite.

Tame pačiame aliejuje pakepinkite smulkiai pjaustytą svogūną, česnaką ir morkas. Kai daržovės gerai iškeps, suberkite miltus ir kepkite dar minutę.

Išmaudykite su saldžiu vynu ir padidinkite ugnį, kol ji beveik visiškai sumažės. Supilkite sultinį ir vėl sudėkite vištieną bei slyvas.

Kepkite apie 15 minučių arba kol vištiena suminkštės. Išimkite vištieną ir sumaišykite padažą. Įdėkite jį iki druskos.

TRIUKAS

Jei į sutrintą padažą įdėsite šiek tiek šalto sviesto ir išplakite šluotele, gausite daugiau tirštumo ir blizgesio.

Apelsinų vištienos krūtinėlės SU anakardžių riešutais

INGRIDIENTAI

4 vištienos krūtinėlės

75 g anakardžių riešutų

2 stiklinės natūralių apelsinų sulčių

4 šaukštai medaus

2 šaukštai Cointreau

Miltai

Alyvuogių aliejus

Druskos ir pipirų

DARBINIMAS

Krūtinėles pagardinkite prieskoniais ir miltais. Apkepkite juos gausiame aliejuje, išimkite ir pasidėkite.

Virkite apelsinų sultis su Cointreau ir medumi 5 minutes. Į padažą sudėkite krūtinėlę ir virkite ant silpnos ugnies 8 min.

Patiekite su padažu ir anakardžiais ant viršaus.

TRIUKAS

Kitas būdas pasigaminti gerą apelsinų padažą – pradėti nuo ne itin tamsios karamelės, į kurią įpilama natūralių apelsinų sulčių.

marinuota kurapka

INGRIDIENTAI

4 kurapkos

300 g svogūnų

200 g morkų

2 stiklinės baltojo vyno

1 česnako galva

1 lauro lapas

1 stiklinė acto

1 stiklinė aliejaus

Druska ir 10 pipirų

DARBINIMAS

Pagardinkite ir ant stiprios ugnies apkepkite kurapkas. Išsiimti ir rezervuoti.

Tame pačiame aliejuje apkepkite susmulkintas morkas ir svogūnus. Kai daržovės suminkštės, supilkite vyną, actą, pipirų žirnelius, druską, česnaką ir lauro lapą. Troškinkite 10 min.

Įdėkite kurapką atgal ir virkite ant silpnos ugnies dar 10 minučių.

TRIUKAS

Kad marinuota mėsa ar žuvis įgautų daugiau skonio, geriau pailsėti bent 24 valandas.

KAČIATORINĖ VIŠTA

INGRIDIENTAI

1 pjaustyta vištiena

50 g griežinėliais pjaustytų grybų

½ l vištienos sultinio

1 stiklinė baltojo vyno

4 tarkuotų pomidorų

2 morkos

2 česnako skiltelės

1 poro

½ svogūno

1 puokštė aromatinių žolelių (čiobrelių, rozmarinų, lauro lapų...)

Alyvuogių aliejus

Druskos ir pipirų

DARBINIMAS

Pagardinkite ir apkepkite vištieną labai karštame puode su šlakeliu aliejaus. Išimkite ir rezervuokite.

Tame pačiame aliejuje pakepinkite morkas, česnaką, porą ir smulkiais gabalėliais supjaustytą svogūną. Tada sudėkite tarkuotą pomidorą. Troškinkite, kol pomidoras neteks vandens. Įdėkite vištieną atgal.

Atskirai patroškinkite grybus ir taip pat sudėkite į troškinį. Išmaudykite su taure vyno ir leiskite jam sumažėti.

Sudrėkinkite sultiniu ir suberkite aromatines žoleles. Kepkite, kol vištiena suminkštės. Ištaisykite druską.

TRIUKAS

Šį patiekalą galima gaminti ir su kalakutiena ir net triušiena.

COCA COLA STILIUS VIŠTOS SPARNELAI

INGRIDIENTAI

1 kg vištienos sparnelių

½ litro Coca-Cola

4 šaukštai rudojo cukraus

2 šaukštai sojos padažo

1 lygio šaukštas raudonėlio

½ citrinos

Druskos ir pipirų

DARBINIMAS

Coca-Cola, cukrų, soją, raudonėlį ir ½ citrinos sultis supilkite į puodą ir virkite 2 min.

Sparnus perpjaukite per pusę ir pagardinkite. Kepkite 160 ºC temperatūroje, kol įgaus spalvą. Tuo metu supilkite pusę padažo ir apverskite sparnelius. Apverskite juos kas 20 min.

Kai padažas beveik sumažės, sudėkite kitą pusę ir toliau kepkite, kol padažas sutirštės.

TRIUKAS

Gaminant padažą įdėjus vanilės šakelę, pagerėja skonis ir suteikiamas savitas pojūtis.

ČESNAKINĖ VIŠTA

INGRIDIENTAI

1 pjaustyta vištiena

8 česnako skiltelės

1 stiklinė baltojo vyno

1 valgomasis šaukštas miltų

1 kajenas

Actas

Alyvuogių aliejus

Druskos ir pipirų

DARBINIMAS

Vištieną pagardinkite ir gerai apkepkite. Rezervuokite ir leiskite aliejui sušilti.

Česnako skilteles supjaustykite kubeliais ir sutrinkite (kepkite aliejuje, nekepkite) česnaką ir kajeno pipirus, neleisdami jiems nusidažyti.

Išplaukite su vynu ir leiskite jam sumažėti, kol jis įgaus tam tikrą tirštumą, bet neišdžius.

Tada suberkite vištieną ir po truputį šaukštelį miltų ant viršaus. Išmaišykite (patikrinkite, ar česnakas prilimpa prie vištienos; jei ne, įberkite dar šiek tiek miltų, kol šiek tiek sulips).

Uždenkite ir retkarčiais pamaišykite. Virkite 20 minučių ant silpnos ugnies. Užbaikite šlakeliu acto ir virkite dar 1 minutę.

TRIUKAS

Vištienos troškinys yra būtinas. Jis turi būti ant labai stiprios ugnies, kad išliktų auksinis iš išorės ir sultingas viduje.

VIŠTA AL CHILINDRON

INGRIDIENTAI

1 nedidelė pjaustyta vištiena

350 g susmulkinto Serano kumpio

1 skardinė 800 g trintų pomidorų

1 didelė raudonoji paprika

1 didelė žalia paprika

1 didelis svogūnas

2 česnako skiltelės

Čiobreliai

1 stiklinė baltojo arba raudonojo vyno

Cukrus

Alyvuogių aliejus

Druskos ir pipirų

DARBINIMAS

Pagardinkite vištieną ir kepkite ant stiprios ugnies. Išimkite ir rezervuokite.

Tame pačiame aliejuje pakepinkite papriką, česnaką ir svogūną, supjaustytą vidutiniais gabalėliais. Kai daržovės gerai apskrus, suberkite kumpį ir kepkite dar 10 min.

Įdėkite vištieną atgal ir nuplaukite su vynu. Palikite 5 minutes ant stiprios ugnies ir sudėkite pomidorą bei čiobrelius. Sumažinkite ugnį ir virkite dar 30 min. Ištaisykite druską ir cukrų.

TRIUKAS

Tą patį receptą galima gaminti su kotletais. Lėkštėje nieko neliks!

marinuotos putpelės IR RAUDONI VAISIAI

INGRIDIENTAI

4 putpelių

150 g raudonų vaisių

1 stiklinė acto

2 stiklinės baltojo vyno

1 morka

1 poro

1 skiltelė česnako

1 lauro lapas

Miltai

1 stiklinė aliejaus

Druska ir pipirai

DARBINIMAS

Puode putpeles pabarstykite miltais, pagardinkite ir paskrudinkite. Išimkite ir rezervuokite.

Tame pačiame aliejuje pakepinkite kubeliais supjaustytą morką ir porą bei pjaustytą česnaką. Kai daržovės suminkštės, įpilkite aliejaus, acto ir vyno.

Įdėkite lauro lapą ir pipirus. Pagardinkite druska ir kartu su raudonais vaisiais virkite 10 min.

Įdėkite putpelių ir troškinkite dar 10 minučių, kol jos suminkštės. Leiskite pastovėti uždengtą nuo ugnies.

TRIUKAS

Šis marinatas kartu su putpelių mėsa yra puikus užpilas ir priedas prie gerų salotų salotų.

CITRININĖ VIŠTA

INGRIDIENTAI

1 vištiena

30 g cukraus

25 g sviesto

1 litras vištienos sultinio

1 dl baltojo vyno

3 citrinų sultys

1 svogūnas

1 poro

Alyvuogių aliejus

Druskos ir pipirų

DARBINIMAS

Vištieną supjaustykite ir pagardinkite. Paskrudinkite ant stiprios ugnies ir išimkite.

Svogūnus nulupkite, nuvalykite porą ir supjaustykite juostelėmis. Daržoves pakepinkite tame pačiame aliejuje, kuriame buvo pagaminta vištiena. Išmaudykite su vynu ir leiskite jam sumažėti.

Supilkite citrinų sultis, cukrų ir sultinį. Virkite 5 minutes ir vėl įdėkite vištieną. Virkite ant silpnos ugnies dar 30 min. Ištaisykite druską ir pipirus.

TRIUKAS

Kad padažas būtų smulkesnis ir be daržovių gabalėlių, geriau jį sutrinti.

SAN JACOBO VIŠTA SU SERRANO KOMPIU, TORTA DEL CASAR IR ARUCULA

INGRIDIENTAI

8 plonos vištienos filė

150 g vestuvinio torto

100 g raketa

4 serrano kumpio griežinėliai

Miltai, kiaušinis ir dribsniai (padengimui)

Alyvuogių aliejus

Druskos ir pipirų

DARBINIMAS

Vištienos filė pagardinkite ir aptepkite sūriu. Ant vieno iš jų uždėkite rukolą ir serano kumpį, o ant viršaus uždėkite kitą, kad užsidarytų. Tą patį padarykite su likusiais.

Perpilkite juos per miltus, išplaktą kiaušinį ir susmulkintus dribsnius. Kepti gausiai įkaitintame aliejuje 3 min.

TRIUKAS

Galima aptepti traiškytais kukurūzų spragėsiais, kikos ir net mažomis kirmėlėmis. Rezultatas labai juokingas.

KEPTA VIŠTĖS KARIS

INGRIDIENTAI

4 vištienos užpakaliai (vienam asmeniui)

1 litras grietinėlės

1 česnakas arba svogūnas

2 šaukštai kario

4 natūralūs jogurtai

Druska

DARBINIMAS

Svogūną supjaustykite mažais gabalėliais ir dubenyje sumaišykite su jogurtais, grietinėle ir kariu. Pagardinkite druska.

Padarykite keletą pjūvių vištienoje ir 24 valandas marinuokite jogurto padaže.

Kepkite 180 ºC temperatūroje 90 min., išimkite vištieną ir patiekite su plaktu padažu.

TRIUKAS

Jei liko padažo, iš jo galima pagaminti skanius kotletus.

VIŠTA RAUDONOJE VYNE

INGRIDIENTAI

1 pjaustyta vištiena

½ litro raudonojo vyno

1 rozmarino šakelė

1 šakelė čiobrelių

2 česnako skiltelės

2 porai

1 raudona paprika

1 morka

1 svogūnas

Vištienos sriuba

Miltai

Alyvuogių aliejus

Druskos ir pipirų

DARBINIMAS

Pagardinkite ir apkepkite vištieną labai karštame puode. Išimkite ir rezervuokite.

Daržoves supjaustykite mažais gabalėliais ir apkepkite tame pačiame aliejuje, kuriame buvo kepama vištiena.

Išmaudykite su vynu, suberkite aromatines žoleles ir virkite apie 10 minučių ant stiprios ugnies, kol suminkštės. Vėl įdėkite vištieną ir sušlapinkite sultiniu, kol ji apsems. Kepkite dar 20 minučių arba kol mėsa suminkštės.

TRIUKAS

Jei norite smulkesnio padažo be gabalėlių, sutrinkite ir nukoškite padažą.

KEPTINTA VIŠTIENA SU JUODOMIS ALUS

INGRIDIENTAI

4 vištienos užpakaliai

750 ml stout

1 valgomasis šaukštas kmynų

1 šakelė čiobrelių

1 rozmarino šakelė

2 svogūnai

3 česnako skiltelės

1 morka

Druskos ir pipirų

DARBINIMAS

Svogūnus, morkas ir česnaką supjaustykite julieno juostelėmis. Ant kepimo skardos dugno sudėkite čiobrelius ir rozmarinus, o ant viršaus sudėkite svogūną, morkas ir česnaką; o tada vištienos užpakalius odele į apačią pagardinti ir pabarstyti kmynais. Kepkite 175 ºC temperatūroje apie 45 min.

Po 30 min sudrėkinkite alumi, apverskite galines ir kepkite dar 45 min. Kai vištiena iškeps, išimkite iš padėklo ir sumaišykite padažą.

TRIUKAS

Jei į kepsnio vidurį dedama 2 griežinėliais supjaustyti obuoliai ir sutrinta su likusiu padažu, skonis dar geresnis.

ŠOKOLADINĖ kurapka

INGRIDIENTAI

4 kurapkos

½ l vištienos sultinio

½ stiklinės raudonojo vyno

1 rozmarino šakelė

1 šakelė čiobrelių

1 pavasario svogūnas

1 morka

1 skiltelė česnako

1 tarkuotas pomidoras

Šokoladas

Alyvuogių aliejus

Druskos ir pipirų

DARBINIMAS

Pagardinkite ir apkepkite kurapkas. Rezervas.

Tame pačiame aliejuje ant vidutinės ugnies pakepinkite smulkiai pjaustytas morkas, česnaką ir svogūną. Pakelkite ugnį ir sudėkite pomidorą. Virkite, kol neteksite vandens. Išmaudykite su vynu ir leiskite jam beveik visiškai sumažėti.

Supilkite sultinį ir suberkite žoleles. Virkite ant silpnos ugnies, kol kurapkos suminkštės. Ištaisykite druską. Nukelkite nuo ugnies ir pagal skonį įpilkite šokolado. Pašalinti.

TRIUKAS

Norėdami patiekalui suteikti pikantiškumo, galite įberti kajeno pipirų, o jei norite, kad jis būtų traškus, įberkite skrudintų lazdyno riešutų ar migdolų.

KEPTINTI kalkutijos ketvirčiai SU RAUDONŲJŲ VAISIŲ PADAŽU

INGRIDIENTAI

4 kalakuto užpakaliukai

250 g raudonų vaisių

½ l cava

1 šakelė čiobrelių

1 rozmarino šakelė

3 česnako skiltelės

2 porai

1 morka

Alyvuogių aliejus

Druskos ir pipirų

DARBINIMAS

Išvalyti ir julienne supjaustykite porus, morkas ir česnaką. Sudėkite šią daržovę ant kepimo skardos kartu su čiobreliais, rozmarinais ir raudonais vaisiais.

Ant viršaus uždėkite kalakuto ketvirčius, pagardinkite šlakeliu aliejaus ir odele žemyn. Kepkite 175 ºC temperatūroje 1 val.

Išmaudyti su cava po 30 min. Apverskite mėsą ir kepkite dar 45 min. Pasibaigus laikui, išimkite iš dėklo. Susmulkinkite, perkoškite ir ištaisykite padažo druską.

TRIUKAS

Kalakutiena bus padaryta tada, kai lengvai atsiskirs šlaunys ir šlaunys.

KEPTINTA VIŠTA SU PERSIKO PADAŽU

INGRIDIENTAI

4 vištienos užpakaliai

½ litro baltojo vyno

1 šakelė čiobrelių

1 rozmarino šakelė

3 česnako skiltelės

2 persikai

2 svogūnai

1 morka

Alyvuogių aliejus

Druskos ir pipirų

DARBINIMAS

Svogūnus, morkas ir česnaką supjaustykite julieno juostelėmis. Persikus nulupkite, perpjaukite į dvi dalis ir išimkite kauliuką.

Į kepimo skardos dugną sudėkite čiobrelius ir rozmarinus kartu su morkomis, svogūnais ir česnakais. Ant viršaus uždėkite pipiruotus užpakaliukus su šlakeliu aliejaus, odele į apačią ir kepkite 175ºC temperatūroje apie 45 min.

Po 30 min. apiplaukite baltuoju vynu, apverskite ir kepkite dar 45 min. Kai vištiena iškeps, išimkite iš padėklo ir sumaišykite padažą.

TRIUKAS

Į kepsnį galima dėti obuolių ar kriaušių. Padažas bus puikaus skonio.

VIŠTIENOS FILĖ Įdaryta Špinatais IR MOZARELLA

INGRIDIENTAI

8 plonos vištienos filė

200 g šviežių špinatų

150 g mocarelos

8 baziliko lapeliai

1 arbatinis šaukštelis maltų kmynų

Miltai, kiaušinis ir džiūvėsėliai (aptepimui)

Alyvuogių aliejus

Druskos ir pipirų

DARBINIMAS

Pagardinkite krūtinėlę iš abiejų pusių. Ant viršaus dėkite špinatus, gabalėliais sulaužytą sūrį ir susmulkintą baziliką, uždenkite kita filė. Perpilkite miltus, išplaktą kiaušinį ir džiūvėsėlių bei kmynų mišinį.

Kepkite po porą minučių iš kiekvienos pusės ir pašalinkite aliejaus perteklių ant sugeriančio popieriaus.

TRIUKAS

Puikus priedas – geras pomidorų padažas. Šį patiekalą galima gaminti su kalakutiena ir net su šviežia nugarine.

KEPTINTA VIŠTA CAVA

INGRIDIENTAI

4 vištienos užpakaliai

1 butelis šampano

1 šakelė čiobrelių

1 rozmarino šakelė

3 česnako skiltelės

2 svogūnai

Alyvuogių aliejus

Druskos ir pipirų

DARBINIMAS

Supjaustykite svogūną ir česnaką Juliana. Ant kepimo skardos dugno sudėkite čiobrelius ir rozmarinus, ant viršaus sudėkite svogūnus ir česnakus, o tada – pipirinius svogūnus odele žemyn. Kepkite 175 ºC temperatūroje apie 45 min.

Išmaudykite su cava po 30 minučių, apverskite galines dalis ir kepkite dar 45 minutes. Kai vištiena iškeps, išimkite iš padėklo ir sumaišykite padažą.

TRIUKAS

Kitas to paties recepto kintamasis – tai daryti su lambrusko arba saldžiu vynu.

VIŠTIENOS VYZDŽIAI SU RIEŠUTŲ PADAŽU

INGRIDIENTAI

600 g vištienos krūtinėlės

150 g žemės riešutų

500 ml vištienos sultinio

200 ml grietinėlės

3 šaukštai sojos padažo

3 šaukštai medaus

1 valgomasis šaukštas kario

1 kajenas labai supjaustytas

1 valgomasis šaukštas laimo sulčių

Alyvuogių aliejus

Druskos ir pipirų

DARBINIMAS

Žemės riešutus labai gerai sutrupinkite, kol jie taps pasta. Sumaišykite juos dubenyje kartu su laimo sultimis, sultiniu, soja, medumi, kariu, druska ir pipirais. Supjaustykite krūtinėlę gabalėliais ir pamarinuokite šiame mišinyje per naktį.

Išimkite vištieną ir sudėkite ant iešmelių. Virkite ankstesnį mišinį kartu su grietinėle ant mažos ugnies 10 min.

Skrudinkite iešmelius keptuvėje ant vidutinės ugnies ir patiekite su padažu ant viršaus.

TRIUKAS

Juos galima gaminti su vištienos užpakaliais. Tačiau užuot skrudinę keptuvėje, paskrudinkite orkaitėje su padažu ant viršaus.

VIŠTA PEPITORIJA

INGRIDIENTAI

1 ½ kg vištienos

250 g svogūno

50 g skrudintų migdolų

25 g keptos duonos

½ l vištienos sultinio

¼ l puikaus vyno

2 česnako skiltelės

2 lauro lapai

2 kietai virti kiaušiniai

1 valgomasis šaukštas miltų

14 šafrano sruogų

150 g alyvuogių aliejaus

Druskos ir pipirų

DARBINIMAS

Susmulkinkite ir pagardinkite gabalėliais supjaustytą vištieną. Auksas ir rezervas.

Svogūną ir česnaką supjaustykite mažais gabalėliais ir pakepinkite tame pačiame aliejuje, kuriame buvo gaminama vištiena. Suberkite miltus ir virkite ant silpnos ugnies 5 min. Išmaudykite su vynu ir leiskite jam sumažėti.

Įpilkite sultinį iki druskos ir virkite dar 15 minučių. Tada sudėkite vištieną kartu su lauro lapais ir kepkite, kol vištiena suminkštės.

Atskirai paskrudinkite šafraną ir sudėkite į skiedinį kartu su kepta duona, migdolais ir kiaušinių tryniais. Plakite, kol gausite pastą, ir sudėkite į vištienos troškinį. Virkite dar 5 min.

TRIUKAS

Nėra geresnio šio recepto priedo nei geras ryžių plovas. Jis gali būti su pjaustytais baltymais ir šiek tiek smulkiai pjaustytų petražolių ant viršaus.

ORANŽINĖ VIŠTA

INGRIDIENTAI

1 vištiena

25 g sviesto

1 litras vištienos sultinio

1 dl rožinio vyno

2 šaukštai medaus

1 šakelė čiobrelių

2 morkos

2 apelsinai

2 porai

Alyvuogių aliejus

Druskos ir pipirų

DARBINIMAS

Pagardinkite ir ant stiprios ugnies alyvuogių aliejuje apkepkite pjaustytą vištieną. Išsiimti ir rezervuoti.

Morkas ir porus nulupkite, nuvalykite ir supjaustykite julieno juostelėmis. Pakepinkite tame pačiame aliejuje, kur buvo kepama vištiena. Išmaudykite su vynu ir virkite ant stiprios ugnies, kol suminkštės.

Įpilkite apelsinų sulčių, medaus ir sultinio. Virkite 5 minutes ir vėl sudėkite vištienos gabalėlius. Troškinkite ant silpnos ugnies 30 min. Įpilkite šalto sviesto ir pagardinkite druska bei pipirais.

TRIUKAS

Galite praleisti gerą saują riešutų ir dėti į troškinį baigiant virti.

TROŠKINTA VIŠTA SU BARALIAIS

INGRIDIENTAI

1 vištiena

200 g serano kumpio

200 g baravykų

50 g sviesto

600 ml vištienos sultinio

1 stiklinė baltojo vyno

1 šakelė čiobrelių

1 skiltelė česnako

1 morka

1 svogūnas

1 pomidoras

Alyvuogių aliejus

Druskos ir pipirų

DARBINIMAS

Vištieną susmulkinkite, pagardinkite ir apkepkite svieste ir šlakelyje aliejaus. Išsiimti ir rezervuoti.

Tuose pačiuose riebaluose pakepinkite smulkiais gabalėliais supjaustytą svogūną, morką ir česnaką kartu su kubeliais pjaustytu kumpiu. Pakelkite ugnį ir suberkite susmulkintus baravykus. Virkite 2 min., suberkite trintus pomidorus ir virkite, kol neteks vandens.

Dar kartą sudėkite vištienos gabalėlius ir nuplaukite vynu. Sumažinkite, kol padažas beveik išdžius. Sudrėkinkite sultiniu ir suberkite čiobrelius. Troškinkite 25 minutes arba kol vištiena suminkštės. Ištaisykite druską.

TRIUKAS

Naudokite sezoninius grybus arba dehidratuotus.

PARKINTA VIŠTA SU RIEŠUTAIS IR SOJA

INGRIDIENTAI

3 vištienos krūtinėlės

70 g razinų

30 g migdolų

30 g anakardžių riešutų

30 g graikinių riešutų

30 g lazdyno riešutų

1 stiklinė vištienos sultinio

3 šaukštai sojos padažo

2 česnako skiltelės

1 kajenas

1 citrina

Imbieras

Alyvuogių aliejus

Druskos ir pipirų

DARBINIMAS

Supjaustykite krūtinėlę, pagardinkite jas ir apkepkite keptuvėje ant stiprios ugnies. Išsiimti ir rezervuoti.

Tame aliejuje pakepinkite riešutus kartu su tarkuotu česnaku, taip pat tarkuotu imbiero gabalėliu, kajeno pipirais ir citrinos žievele.

Pridėti razinų, paliktų krūtinėlių ir sojų pupelių. Sumažinkite 1 min. ir išplaukite su sultiniu. Virkite dar 6 minutes ant vidutinės ugnies ir, jei reikia, pagardinkite druska.

TRIUKAS

Druskos naudoti praktiškai nereikės, nes ją beveik vien sudaro sojos pupelės.

ŠOKOLADINĖ VIŠTIENA SU SKRBINTAIS ALMEDRAS

INGRIDIENTAI

1 vištiena

60 g tarkuoto juodojo šokolado

1 taurė raudonojo vyno

1 šakelė čiobrelių

1 rozmarino šakelė

1 lauro lapas

2 morkos

2 česnako skiltelės

1 svogūnas

Vištienos sultinys (arba vanduo)

Skrudinti migdolai

Pirmo spaudimo alyvuogių aliejus

Druskos ir pipirų

DARBINIMAS

Vištieną supjaustykite, pagardinkite ir kepkite labai karštame puode. Išsiimti ir rezervuoti.

Tame pačiame aliejuje ant silpnos ugnies pakepinkite smulkiais gabalėliais supjaustytą svogūną, morkas ir česnako skilteles.

Įdėkite lauro lapą ir čiobrelių bei rozmarinų šakeles. Supilkite vyną ir sultinį ir virkite ant silpnos ugnies 40 min. Ištaisykite druską ir išimkite vištieną.

Padažą perpilkite per maišytuvą ir vėl sudėkite į puodą. Sudėkite vištieną ir šokoladą ir maišykite, kol šokoladas ištirps. Virkite dar 5 minutes, kad susimaišytų skoniai.

TRIUKAS

Ant viršaus užbaikite skrudintais migdolais. Jei pridėsite kajeno ar aitriosios paprikos, tai suteiks aštrumo.

ĖVIENOS IEŠTELĖS SU PAPRIKO IR GARSTYČIŲ VINEIGRETE

INGRIDIENTAI

350 g avienos

2 šaukštai acto

1 lygio šaukštas paprikos

1 lygio šaukštas garstyčių

1 lygio šaukštas cukraus

1 padėklas vyšninių pomidorų

1 žalioji paprika

1 raudona paprika

1 mažas svogūnas

1 svogūnas

5 šaukštai alyvuogių aliejaus

Druskos ir pipirų

DARBINIMAS

Daržoves, išskyrus laiškinį svogūną, išvalykite ir supjaustykite vidutinio dydžio kvadratėliais. Avieną supjaustykite tokio pat dydžio kubeliais. Surinkite iešmelius, įkišdami gabalėlį mėsos ir gabalėlį daržovių. Sezonas. Kepkite juos labai karštoje keptuvėje su trupučiu aliejaus po 1–2 minutes iš kiekvienos pusės.

Atskirai dubenyje sumaišykite garstyčias, papriką, cukrų, aliejų, actą ir smulkiais gabalėliais supjaustytus laiškinius česnakus. Pagardinkite druska ir emulsuokite.

Patiekite ką tik pagamintus iešmelius su trupučiu paprikos padažo.

TRIUKAS

Taip pat į vinaigretę galite įberti 1 valgomąjį šaukštą kario ir šiek tiek citrinos žievelės.

KIMŠTA VERŠIIENA SU PORT

INGRIDIENTAI

1 kg veršienos pelekų (užpildyti atidarykite knygelę)

350 g maltos kiaulienos

1 kg morkų

1 kg svogūnų

100 g pušies riešutų

1 nedidelė skardinė piquillo pipirų

1 skardinė juodųjų alyvuogių

1 pakuotė šoninės

1 česnako galva

2 lauro lapai

portveinas

Mėsos sultinys

Alyvuogių aliejus

Druska ir pipirai

DARBINIMAS

Pagardinkite peleką iš abiejų pusių. Užpildykite kiauliena, pušies riešutais, pjaustytomis paprikomis, ketvirčiais pjaustytomis alyvuogėmis ir juostelėmis supjaustytu šonine. Susukite ir įdėkite į tinklelį arba suriškite kamanų siūlu. Paskrudinkite ant labai stiprios ugnies, išimkite ir pasidėkite.

Morkas, svogūnus ir česnakus supjaustykite brunoze ir apkepkite tame pačiame aliejuje, kuriame buvo kepta veršiena. Vėl uždėkite peleką. Išmaudykite su šlakeliu portveino ir mėsos sultinio, kol viskas apsems. Įdėkite 8 pipirų žirnelius ir lauro lapus. Virkite uždengę ant silpnos ugnies 40 min. Pasukite kas 10 min. Kai mėsa bus minkšta, išimkite ir sumaišykite padažą.

TRIUKAS

Portą galima pakeisti bet kokiu kitu vynu ar šampanu.

MADRILIJĄ MĖKALAI

INGRIDIENTAI

1 kg maltos jautienos

500 g maltos kiaulienos

500 g prinokusių pomidorų

150 g svogūnų

100 g grybų

1 l mėsos sultinio (arba vandens)

2 dl baltojo vyno

2 šaukštai šviežių petražolių

2 šaukštai džiūvėsėlių

1 valgomasis šaukštas miltų

3 česnako skiltelės

2 morkos

1 lauro lapas

1 kiaušinis

Cukrus

Alyvuogių aliejus

Druskos ir pipirų

DARBINIMAS

Sumaišykite dvi mėsas su kapotomis petražolėmis, 2 kubeliais pjaustytomis česnako skiltelėmis, džiūvėsėliais, kiaušiniu, druska ir pipirais. Suformuokite rutuliukus ir kepkite juos keptuvėje. Išimkite ir rezervuokite.

Tame pačiame aliejuje pakepinkite svogūną su kitu česnaku, suberkite miltus ir pakepinkite. Sudėkite pomidorus ir pakepinkite dar 5 min. Išmaudykite su vynu ir virkite dar 10 minučių. Supilkite sultinį ir toliau virkite dar 5 min. Susmulkinkite ir sutrinkite druską ir cukrų. Virkite kotletus padaže 10 minučių kartu su lauro lapu.

Atskirai nuvalykite, nulupkite ir supjaustykite morkas ir grybus. Pakepinkite su trupučiu aliejaus 2 minutes ir suberkite į kotletų troškinį.

TRIUKAS

Kad mėsos kukulių mišinys būtų skanesnis, įberkite 150 g susmulkintos šviežios Iberijos šoninės. Gaminant rutuliukus geriau nespausti per daug, kad jie būtų sultingesni.

JAUTIENOS SKRUOSTAI SU ŠOKOLADU

INGRIDIENTAI

8 jautienos skruostai

½ litro raudonojo vyno

6 uncijos šokolado

2 česnako skiltelės

2 pomidorai

2 porai

1 saliero stiebas

1 morka

1 svogūnas

1 rozmarino šakelė

1 šakelė čiobrelių

Miltai

Mėsos sultinys (arba vanduo)

Alyvuogių aliejus

Druskos ir pipirų

DARBINIMAS

Pagardinkite ir labai karštame puode apkepinkite skruostus. Išimkite ir rezervuokite.

Daržoves supjaustykite brunoise ir patroškinkite tame pačiame puode, kuriame kepė skruostai.

Kai daržovės suminkštės, suberkite trintus pomidorus ir virkite, kol neteks viso vandens. Įpilkite vyno, aromatinių žolelių ir palikite 5 min. Supilkite skruostus ir mėsos sultinį, kol jie apsems.

Virkite, kol skruostai labai suminkštės, įpilkite šokolado pagal skonį, išmaišykite ir pagardinkite druska bei pipirais.

TRIUKAS

Padažą galima susmulkinti arba palikti su visais daržovių gabalėliais.

KIAULIŲ KONFITO PYRAGAS SU SALDŽIU VYNO PADAŽU

INGRIDIENTAI

½ susmulkintos žindančios kiaulės

1 taurė saldaus vyno

2 rozmarino šakelės

2 šakelės čiobrelių

4 česnako skiltelės

1 nedidelė morka

1 mažas svogūnas

1 pomidoras

švelnaus alyvuogių aliejaus

rupios druskos

DARBINIMAS

Ištieskite žindomą kiaulę ant padėklo ir pasūdykite iš abiejų pusių. Sudėkite susmulkintą česnaką ir aromatines medžiagas. Aptepkite aliejumi ir kepkite 100 ºC 5 valandas. Tada leiskite sušilti ir nuimkite mėsą ir odą.

Ant kepimo skardos sudėkite pergamentinį popierių. Padalinkite žindomos kiaulės mėsą ir ant viršaus uždėkite žindomos kiaulės odą (ji turi būti bent 2 pirštų aukščio). Įdėkite kitą pergamentinį popierių ir pasidėkite į šaldytuvą su svoriu ant viršaus.

Tuo tarpu išvirkite tamsų sultinį. Kaulus ir daržoves supjaustykite vidutiniais gabalėliais. Skrudinkite kaulus 185 ºC temperatūroje 35 minutes, sudėkite daržoves ant šonų ir kepkite dar 25 minutes. Išimkite iš orkaitės ir apiplaukite vynu. Viską sudėkite į puodą ir užpilkite šaltu vandeniu. Virkite 2 valandas ant labai mažos ugnies. Nukoškite ir grąžinkite ant ugnies, kol šiek tiek sutirštės. Nuriebalinti.

Pyragą supjaustykite porcijomis ir apkepkite karštoje keptuvėje iš odos pusės, kol apskrus. Kepti 3 min 180ºC.

TRIUKAS

Tai daugiau varginantis nei sudėtingas patiekalas, tačiau rezultatas yra įspūdingas. Vienintelė gudrybė, kad pabaigoje nesugestų – padažą patiekti ant mėsos šono, o ne ant viršaus.

TRIUŠIS IKI ŽENKOS

INGRIDIENTAI

1 triušis susmulkintas

80 g migdolų

1 litras vištienos sultinio

400 ml išspaudų

200 ml grietinėlės

1 rozmarino šakelė

1 šakelė čiobrelių

2 svogūnai

2 česnako skiltelės

1 morka

10 šafrano sruogų

Druskos ir pipirų

DARBINIMAS

Susmulkinkite, pagardinkite ir apkepkite triušį. Išsiimti ir rezervuoti.

Tame pačiame aliejuje pakepinkite smulkiais gabalėliais supjaustytas morkas, svogūnus ir česnaką. Suberkite šafraną ir migdolus ir virkite 1 min.

Pakelkite šilumą ir išsimaudykite su išspaudomis. flambiruoti Dar kartą pridėkite triušį ir sušlapinkite sultiniu. Sudėkite čiobrelių ir rozmarino šakeles.

Virkite apie 30 minučių, kol triušis suminkštės ir supilkite grietinėlę. Virkite dar 5 minutes ir pagardinkite druska.

TRIUKAS

Flambuoti – tai deginti spirito alkoholį. Tai darydami turite būti atsargūs, kad gartraukis būtų išjungtas.

MĖSOS KUNULIAI PEPITORIA LAZDYNO RIEŠUTŲ PADAŽE

INGRIDIENTAI

750 g maltos jautienos

750 g maltos kiaulienos

250 g svogūno

60 g lazdyno riešutų

25 g keptos duonos

½ l vištienos sultinio

¼ litro baltojo vyno

10 šafrano sruogų

2 šaukštai šviežių petražolių

2 šaukštai džiūvėsėlių

4 česnako skiltelės

2 kietai virti kiaušiniai

1 šviežias kiaušinis

2 lauro lapai

150 g alyvuogių aliejaus

Druskos ir pipirų

DARBINIMAS

Dubenyje sumaišykite mėsą, kapotas petražoles, kubeliais pjaustytą česnaką, džiūvėsėlius, kiaušinį, druską ir pipirus. Miltus ir paskrudinkite puode ant vidutinės-stiprios ugnies. Išsiimti ir rezervuoti.

Tame pačiame aliejuje ant silpnos ugnies pakepinkite svogūną ir kitas 2 smulkiais kubeliais supjaustytas česnako skilteles. Išmaudykite su vynu ir leiskite jam sumažėti. Supilkite sultinį ir virkite 15 min. Į padažą suberkite kotletus kartu su lauro lapeliais ir kepkite dar 15 minučių.

Atskirai paskrudinkite šafraną ir sutrinkite grūstuvėje kartu su kepta duona, lazdyno riešutais ir kiaušinių tryniais, kol gausis vienalytė pasta. Įpilkite į troškinį ir virkite dar 5 min.

TRIUKAS

Patiekite su smulkintais baltymais ant viršaus ir trupučiu petražolių.

VERŽIENOS ESKALOPINAI SU JUODUOJU ALUS

INGRIDIENTAI

4 jautienos kepsniai

125 g šitake grybų

1/3 litro juodo alaus

1 dl mėsos sultinio

1 dl grietinėlės

1 morka

1 pavasario svogūnas

1 pomidoras

1 šakelė čiobrelių

1 rozmarino šakelė

Miltai

Alyvuogių aliejus

Druskos ir pipirų

DARBINIMAS

Filė pagardinkite ir pabarstykite miltais. Lengvai apkepkite juos keptuvėje su trupučiu aliejaus. Išimkite ir rezervuokite.

Tame pačiame aliejuje pakepinkite kubeliais pjaustytą svogūną ir morką. Kai jie iškeps, suberkite tarkuotą pomidorą ir virkite, kol padažas beveik išdžius.

Išmaudykite su alumi, leiskite alkoholiui išgaruoti 5 minutes ant vidutinės ugnies ir supilkite sultinį, žoleles ir filė. Virkite 15 minučių arba kol suminkštės.

Atskirai ant stiprios ugnies pakepinkite filė grybus ir suberkite į troškinį. Ištaisykite druską.

TRIUKAS

Filė neturėtų būti perkepta, kitaip ji bus labai kieta.

TRIPES A LA MADRILEÑA

INGRIDIENTAI

1 kg švarios ryklės

2 kiaulių ristūnai

25 g miltų

1 dl acto

2 šaukštai paprikos

2 lauro lapai

2 svogūnai (1 iš jų spygliuotas)

1 česnako galva

1 čili

2 dl alyvuogių aliejaus

20 g druskos

DARBINIMAS

Blanširuokite rykštę ir kiaulių ristūnus puode su šaltu vandeniu. Kai tik pradės virti, virkite 5 minutes.

Nusausinkite ir pakeiskite švariu vandeniu. Sudėkite svogūną, čili, česnako galvutę ir lauro lapus. Jei reikia, įpilkite daugiau vandens, kad jis gerai apsemtų, ir virkite ant mažos ugnies uždengę 4 valandas arba tol, kol ristūnai suminkštės.

Kai iškeps, išimkite spygliuotą svogūną, lauro lapą ir čili. Taip pat išimkite ristūnus, supjaustykite juos iš kaulų ir supjaustykite gabalėliais, panašiais į kuokštelės dydį. Įdėkite jį atgal į puodą.

Atskirai pakepinkite kitą svogūną, supjaustytą brunoise, suberkite papriką ir 1 šaukštą miltų. Iškepusį sudėkite į troškinį. Virkite 5 min., pagardinkite druska ir, jei reikia, sutirštinkite.

TRIUKAS

Šis receptas įgauna skonį, jei jis paruošiamas prieš dieną ar dvi. Taip pat galite pridėti šiek tiek virtų avinžirnių ir gauti pirmos klasės ankštinių daržovių lėkštę.

KEPTINTA KIAULIENOS NUGINĖ SU OBUOLIU IR MĖTOMIS

INGRIDIENTAI

800 g šviežios kiaulienos nugarinės

500 g obuolių

60 g cukraus

1 stiklinė baltojo vyno

1 stiklinė brendžio

10 mėtų lapelių

1 lauro lapas

1 didelis svogūnas

1 morka

Alyvuogių aliejus

Druskos ir pipirų

DARBINIMAS

Nugarinę pagardinkite druska ir pipirais ir kepkite ant stiprios ugnies. Išsiimti ir rezervuoti.

Tame aliejuje pakepinkite švarų ir smulkiai pjaustytą svogūną ir morką. Nulupkite obuolius ir išimkite šerdį.

Viską perkelkite į kepimo skardą, apibarstykite alkoholiu ir suberkite lauro lapą. Kepti 185ºC 90 min.

Išimkite obuolius ir daržoves, sumaišykite su cukrumi ir mėtomis. Nugarinę ir padažą išpilkite kepimo sultimis ir padėkite į obuolių kompotą.

TRIUKAS

Kad nugarinė neišdžiūtų, kepimo metu į skardą įpilkite šiek tiek vandens.

VIŠTIENOS KUMULĖLIAI SU AVIEČIŲ PADAŽU

INGRIDIENTAI

Dėl mėsos kukulių

1 kg maltos vištienos

1 dl pieno

2 šaukštai džiūvėsėlių

2 kiaušiniai

1 skiltelė česnako

šerio vynas

Miltai

Susmulkintos petražolės

Alyvuogių aliejus

Druskos ir pipirų

Aviečių padažui

200 g aviečių uogienės

½ l vištienos sultinio

1 ½ dl baltojo vyno

½ dl sojos padažo

1 pomidoras

2 morkos

1 skiltelė česnako

1 svogūnas

Druska

DARBINIMAS

Dėl mėsos kukulių

Mėsą sumaišykite su džiūvėsėliais, pienu, kiaušiniais, smulkiai pjaustyta česnako skiltele, petražolėmis ir šlakeliu vyno. Pagardinkite druska ir pipirais ir palikite 15 min.

Iš mišinio suformuokite mažus rutuliukus ir perpilkite juos per miltus. Apkepkite aliejuje, bandydami viduje palikti ką nors žalio. Rezervuokite aliejų.

Saldžiarūgščiam aviečių padažui

Svogūną, česnaką ir morkas nulupkite ir supjaustykite mažais kubeliais. Pakepinkite tame pačiame aliejuje, kur buvo apskrudę kotletai. Pagardinkite žiupsneliu druskos. Sudėkite pjaustytus pomidorus be odelės ar sėklų ir troškinkite, kol vanduo išgaruos.

Išmaudykite su vynu ir virkite, kol sumažės per pusę. Įpilkite sojos padažo ir sultinio ir virkite dar 20 min., kol padažas sutirštės. Sudėkite uogienę ir kotletus ir viską kartu virkite dar 10 min.

TRIUKAS

Aviečių uogienę galima pakeisti kitu bet kokiu raudonu vaisiumi ir netgi uogiene.

ĖVIENOS TROŠKINIS

INGRIDIENTAI

1 ėriuko koja

1 didelė taurė raudonojo vyno

½ puodelio trintų pomidorų (arba 2 tarkuotų pomidorų)

1 valgomasis šaukštas saldžiosios paprikos

2 didelės bulvės

1 žalioji paprika

1 raudona paprika

1 svogūnas

Mėsos sultinys (arba vanduo)

Alyvuogių aliejus

Druskos ir pipirų

DARBINIMAS

Susmulkinkite, pagardinkite ir labai karštame puode apskrudinkite koją. Išimkite ir rezervuokite.

Tame pačiame aliejuje pakepinkite kubeliais pjaustytą papriką ir svogūną. Kai daržovės gerai apkeps, suberkite šaukštą paprikos ir pomidorą. Virkite ant stiprios ugnies, kol pomidoras neteks vandens. Tada vėl sudėkite ėrieną.

Išmaudykite su vynu ir leiskite jam sumažėti. Uždenkite mėsos sultiniu.

Kai ėriena suminkštės, sudėkite kachelados bulves (nesupjaustytas) ir virkite, kol bulvės iškeps. Ištaisykite druską ir pipirus.

TRIUKAS

Norėdami gauti dar skanesnį padažą, atskirai pakepinkite 4 piquilio pipirus ir 1 česnako skiltelę. Sumaišykite su trupučiu sultinio iš troškinio ir supilkite į troškinį.

KIŠKIS CIVET

INGRIDIENTAI

1 kiškis

250 g grybų

250 g morkų

250 g svogūno

100 g šoninės

¼ litro raudonojo vyno

3 šaukštai pomidorų padažo

2 česnako skiltelės

2 šakelės čiobrelių

2 lauro lapai

Mėsos sultinys (arba vanduo)

Alyvuogių aliejus

Druskos ir pipirų

DARBINIMAS

Supjaustykite kiškį ir 24 valandas marinuokite smulkiais gabalėliais supjaustytose morkose, česnakuose ir svogūnuose, vyne, 1 šakele čiobrelio ir 1 lauro lape. Pasibaigus laikui, viena vertus, perkoškite ir pasilikite vyną, o iš kitos – daržoves.

Pagardinkite kiškį druska ir pipirais, paskrudinkite ant stiprios ugnies ir išimkite. Daržoves pakepinkite ant vidutinės-mažos ugnies tame pačiame aliejuje. Supilkite pomidorų padažą ir patroškinkite 3 min. Padėkite kiškį atgal. Plakite su vynu ir sultiniu, kol mėsa apsems. Įdėkite kitą čiobrelio šakelę ir kitą lauro lapą. Virkite, kol kiškis suminkštės.

Tuo tarpu pakepinkite susmulkintą šoninę ir ketvirčiais supjaustytus grybus ir suberkite į troškinį. Atskirai grūstuvėje sutrupinkite kiškio kepenis ir taip pat sudėkite. Virkite dar 10 minučių ir pagardinkite druska bei pipirais.

TRIUKAS

Šį patiekalą galima gaminti su bet kokiu medžiojamuoju gyvūnu ir jis bus skanesnis, jei jis bus pagamintas dieną prieš.

TRIUŠIS SU PIPERRADA

INGRIDIENTAI

1 triušis

2 dideli pomidorai

2 svogūnai

1 žalioji paprika

1 skiltelė česnako

Cukrus

Alyvuogių aliejus

Druskos ir pipirų

DARBINIMAS

Triušį susmulkinkite, pagardinkite ir kepkite karštame puode. Išsiimti ir rezervuoti.

Svogūnus, papriką ir česnaką supjaustykite mažais gabalėliais ir pakepinkite ant silpnos ugnies 15 minučių tame pačiame aliejuje, kuriame buvo gaminamas triušis.

Sudėkite brunoise supjaustytus pomidorus ir virkite ant vidutinės ugnies, kol neteks vandens. Jei reikia, pataisykite druską ir cukrų.

Įdėkite triušį, sumažinkite ugnį ir virkite 15 ar 20 minučių uždengę puodą, retkarčiais pamaišydami.

TRIUKAS

Į piperradą galima dėti cukinijų arba baklažanų.

SŪRIU Įdaryti VIŠTIENOS KUNULIAI SU kario padažu

INGRIDIENTAI

500 g maltos vištienos

150 g sūrio supjaustyti kubeliais

100 g džiūvėsėlių

200 ml grietinėlės

1 stiklinė vištienos sultinio

2 šaukštai kario

½ šaukšto džiūvėsėlių

30 razinų

1 žalioji paprika

1 morka

1 svogūnas

1 kiaušinis

1 citrina

Pienas

Miltai

Alyvuogių aliejus

Druska

DARBINIMAS

Vištieną pagardinkite ir sumaišykite su džiūvėsėliais, kiaušiniu, 1 šaukštu kario ir piene išmirkytais džiūvėsėliais. Suformuokite rutuliukus, įpilkite sūrio kubeliu ir perpilkite per miltus. Kepti ir rezervuoti.

Tame pačiame aliejuje pakepinkite smulkiais gabalėliais supjaustytą svogūną, pipirus ir morkas. Suberkite citrinos žievelę ir kepkite kelias minutes. Įpilkite kitą šaukštą kario, razinų ir vištienos sultinio. Kai pradės virti, supilkite grietinėlę ir virkite 20 min. Ištaisykite druską.

TRIUKAS

Idealus priedas prie šių kotletų yra ketvirčiais supjaustyti grybai, pakepinti su pora skiltelių smulkiai supjaustyto česnako ir nuplauti su šlakeliu Porto arba Pedro Ximénez vyno.

KIAUELIENOS SKRUOSTAI RAUDONOJE VYNE

INGRIDIENTAI

12 kiaulienos skruostų

½ litro raudonojo vyno

2 česnako skiltelės

2 porai

1 raudona paprika

1 morka

1 svogūnas

Miltai

Mėsos sultinys (arba vanduo)

Alyvuogių aliejus

Druskos ir pipirų

DARBINIMAS

Pagardinkite ir labai karštame puode apkepinkite skruostus. Išimkite ir rezervuokite.

Daržoves supjaustykite bronoise ir apkepkite tame pačiame aliejuje, kuriame buvo kepama kiauliena. Kai jie gerai iškeps, supilkite vyną ir palikite 5 min. Supilkite skruostus ir mėsos sultinį, kol jie apsems.

Kepkite, kol skruostai labai suminkštės, ir sumaišykite padažą, jei norite, kad neliktų daržovių gabalėlių.

TRIUKAS

Kiaulienos skruostai pagaminami daug trumpiau nei jautienos skruostai. Skirtingas skonis pasiekiamas, jei pabaigoje į padažą įpilama uncija šokolado.

KIAULIENOS ŠILKAS NAVARRA

INGRIDIENTAI

2 susmulkintos avienos kojos

50 g taukų

1 arbatinis šaukštelis paprikos

1 valgomasis šaukštas acto

2 česnako skiltelės

1 svogūnas

Alyvuogių aliejus

Druskos ir pipirų

DARBINIMAS

Avienos blauzdeles supjaustykite gabalėliais. Pasūdykite, pabarstykite pipirais ir kepkite ant stiprios ugnies puode. Išimkite ir rezervuokite.

Smulkiai supjaustytą svogūną ir česnaką pakepinkite tame pačiame aliejuje ant silpnos ugnies 8 minutes. Suberkite papriką ir patroškinkite dar 5 sekundes. Sudėkite érieną ir užpilkite vandeniu.

Virkite, kol padažas sumažės ir mėsa suminkštės. Sudrėkinkite actu ir užvirinkite.

TRIUKAS

Pirminis skrudinimas yra būtinas, nes jis neleidžia ištekėti sultims. Be to, jis suteikia traškumo ir pagerina skonį.

TROŠINTA JAUTIENA SU ŽEMĖS RIEŠUTŲ PADAŽU

INGRIDIENTAI

750 g juodojo pudingo mėsos

250 g žemės riešutų

2 l mėsos sultinio

1 stiklinė grietinėlės

½ stiklinės brendžio

2 šaukštai pomidorų padažo

1 šakelė čiobrelių

1 rozmarino šakelė

4 bulves

2 morkos

1 svogūnas

1 skiltelė česnako

Alyvuogių aliejus

Druskos ir pipirų

DARBINIMAS

Juodąjį pudingą susmulkinkite, pagardinkite ir kepkite ant stiprios ugnies. Išimkite ir rezervuokite.

Tame pačiame aliejuje ant silpnos ugnies pakepinkite smulkiais kubeliais supjaustytą svogūną, česnaką ir morkas. Padidinkite ugnį ir supilkite pomidorų padažą. Leiskite jam sumažinti, kol jis neteks viso vandens. Laistykite brendžiu ir leiskite alkoholiui išgaruoti. Vėl sudėkite mėsą. Žemės riešutus gerai sutrinkite su sultiniu ir sudėkite į troškintuvą kartu su aromatinėmis žolelėmis. Virkite ant silpnos ugnies, kol mėsa beveik suminkštės.

Tada sudėkite nuluptas ir įprastais kvadratėliais supjaustytas bulves ir grietinėlę. Virkite 10 minučių ir pagardinkite druska bei pipirais. Prieš patiekdami leiskite pailsėti 15 min.

TRIUKAS

Prie šio mėsos patiekalo galima patiekti ryžių plovą (žr. skyrių Ryžiai ir makaronai).

KEPSTA KIAULĖ

INGRIDIENTAI

1 kiaulė žindoma

2 šaukštai taukų

Druska

DARBINIMAS

Išklokite ausis ir uodegą aliuminio folija, kad jos nesudegtų.

Įdėkite 2 medinius šaukštus ant kepimo skardos ir padėkite žindomą kiaulę veidu į viršų, kad ji neliestų indo pagrindo. Įpilkite 2 šaukštus vandens ir kepkite 180ºC temperatūroje 2 valandas.

Druską ištirpinkite 4 dl vandens ir kas 10 min nudažykite žindomos kiaulės vidų. Po valandos apverskite ir tęskite dažymą vandeniu ir druska, kol pasibaigs laikas.

Ištirpinkite sviestą ir nudažykite odą. Įkaitinkite orkaitę iki 200 laipsnių ir kepkite dar 30 minučių arba kol odelė taps auksinė ir traški.

TRIUKAS

Netepkite padažu su sultimis ant odos; kad jis prarastų traškumą. Padažą patiekite prie patiekalo pagrindo.

KEPINTAS KOPŪSAS

INGRIDIENTAI

4 pirštai

½ kopūsto

3 česnako skiltelės

Alyvuogių aliejus

Druskos ir pipirų

DARBINIMAS

Saknelius užpilkite verdančiu vandeniu ir virkite 2 valandas arba kol visiškai suminkštės.

Išimkite juos iš vandens ir kepkite su šlakeliu aliejaus 220°C temperatūroje iki auksinės rudos spalvos. Sezonas.

Kopūstą supjaustykite plonomis juostelėmis. Virkite dideliu kiekiu verdančio vandens 15 min. Nusausinkite.

Tuo tarpu šiek tiek aliejaus pakepinkite pjaustytą česnaką, suberkite kopūstą ir pakepinkite. Pagardinkite druska, pipirais ir patiekite kartu su skrudintomis kulšelėmis.

TRIUKAS

Kniedes taip pat galima kepti labai karštoje keptuvėje. Juos gerai apkepkite iš visų pusių.

TRIUŠIO KAKAČIATAS

INGRIDIENTAI

1 triušis

300 g grybų

2 stiklinės vištienos sultinio

1 stiklinė baltojo vyno

1 šakelė šviežių čiobrelių

1 lauro lapas

2 česnako skiltelės

1 svogūnas

1 pomidoras

Alyvuogių aliejus

Druskos ir pipirų

DARBINIMAS

Susmulkinkite, pagardinkite ir kepkite triušį ant stiprios ugnies. Išimkite ir rezervuokite.

Mažais gabalėliais supjaustytą svogūną ir česnaką pakepinkite tame pačiame aliejuje 5 min. Padidinkite ugnį ir sudėkite tarkuotą pomidorą. Virkite, kol neliks vandens.

Įmeskite triušį atgal ir išsimaudykite su vynu. Leiskite sumažėti ir padažas beveik išdžius. Supilkite sultinį ir virkite kartu su aromatinėmis žolelėmis 25 minutes arba kol mėsa suminkštės.

Tuo tarpu nuvalytus ir griežinėliais supjaustytus grybus pakepinkite karštoje keptuvėje 2 min. Pagardinkite druska ir suberkite jas į troškinį. Virkite dar 2 minutes ir, jei reikia, pagardinkite druska.

TRIUKAS

Tą patį receptą galima gaminti su vištiena arba kalakutiena.

JAUTIENOS ESKALOPAS A LA MADRILEÑA

INGRIDIENTAI

4 jautienos kepsniai

1 valgomasis šaukštas šviežių petražolių

2 česnako skiltelės

Miltai, kiaušinis ir džiūvėsėliai (aptepimui)

Alyvuogių aliejus

Druskos ir pipirų

DARBINIMAS

Smulkiai supjaustykite petražoles ir česnaką. Sudėkite juos į dubenį ir suberkite džiūvėsėlius. Pašalinti.

Pagardinkite filė druska ir pipirais ir pertrinkite per miltus, išplaktą kiaušinį ir džiūvėsėlių mišinį su česnaku ir petražolėmis.

Paspauskite rankomis, kad duona gerai priliptų ir kepkite daug labai karšto aliejaus 15 sekundžių.

TRIUKAS

Sutrinkite filė plaktuku, kad skaidulos suirtų ir mėsa būtų minkštesnė.

TROŠINTAS TRIUSIS SU GRYBAIS

INGRIDIENTAI

1 triušis

250 g sezoninių grybų

50 g taukų

200 g šoninės

45 g migdolų

600 ml vištienos sultinio

1 stiklinė šerio vyno

1 morka

1 pomidoras

1 svogūnas

1 skiltelė česnako

1 šakelė čiobrelių

Druskos ir pipirų

DARBINIMAS

Susmulkinkite ir pagardinkite triušį. Kepkite ant stiprios ugnies svieste kartu su lazdelėmis supjaustyta šonine. Išimkite ir rezervuokite.

Tuose pačiuose riebaluose pakepinkite smulkiais gabalėliais supjaustytą svogūną, morką ir česnaką. Sudėkite susmulkintus grybus ir kepkite 2 min. Sudėkite tarkuotus pomidorus ir virkite, kol jis neteks vandens.

Dar kartą sudėkite triušį ir šoninę ir nuplaukite vynu. Leiskite sumažėti ir padažas beveik išdžius. Supilkite sultinį ir suberkite čiobrelius. Virkite ant silpnos ugnies 25 minutes arba kol triušis suminkštės. Ant viršaus pabarstykite migdolais ir pagardinkite druska.

TRIUKAS

Galima naudoti džiovintus šitake grybus. Jie suteikia daug skonio ir aromato.

IBERIJOS KIAULIENOS ŠONKALINĖS SU BALTUOJU VYNU IR MEDUS

INGRIDIENTAI

1 Iberijos kiaulienos šonkaulis

1 stiklinė baltojo vyno

2 šaukštai medaus

1 valgomasis šaukštas saldžiosios paprikos

1 valgomasis šaukštas kapotų rozmarinų

1 valgomasis šaukštas kapotų čiobrelių

1 skiltelė česnako

Alyvuogių aliejus

Druskos ir pipirų

DARBINIMAS

Į dubenį suberkite prieskonius, tarkuotą česnaką, medų ir druską. Įpilkite ½ stiklinės aliejaus ir išmaišykite. Šiuo mišiniu ištepkite šonkauliuką.

Kepkite 200 ºC 30 min mėsa puse žemyn. Apverskite, apšlakstykite vynu ir kepkite dar 30 minučių arba tol, kol šonkauliai taps auksiniai ir minkšti.

TRIUKAS

Kad skoniai labiau persmelktų šonkauliukus, mėsą geriau marinuoti dieną prieš.

www.ingramcontent.com/pod-product-compliance
Lightning Source LLC
Chambersburg PA
CBHW071434080526
44587CB00014B/1841